착한 소셜미디어는 없다

SNS는 우리를
어떻게 선동하는가

착한
소셜미디어는
없다

조현수 지음

re
mind

2부 소셜미디어로 흔들리는 민주주의

3부 모두를 위한 미디어 리터러시

슬기로운 소셜미디어 생활을 위해

여러분은 이 책을 펼치기 전, 소셜미디어에 접속하셨나요? 아니면 지금도 소셜미디어에 접속한 상태로 책을 읽고 있나요? 오늘 있었던 일, 오늘 갔던 곳, 오늘 입었던 옷 등을 소셜미디어에 올리며 기쁨을 느끼는 건 나쁜 일이 아닙니다. 혹시 이런 생각을 해 보셨나요? '나는 내 일상을 소셜미디어에 공유하는 걸까? 아니면 소셜미디어에 올리기 위해서 내 일상을 꾸미는 걸까?' 후자를 먼저 떠올리며 생각을 정리하는 분도 많이 있을 겁니다.

지금은 소셜미디어에 자기 자신을 마음껏 드러내는 시대입니다. 소셜미디어를 통해 더 큰 행복을 느낄 수 있는데, 자유롭게 즐기지 못하는 건 바보 같은 일입니다. 그리고 소셜미디어가 가진 '익명성'을 활용하면, 정말 친한 친구에게 털어놓기 고민되는 문제까지 해결할 수 있

습니다. 이처럼 소셜미디어는 우리에게 고마운 친구가
될 수도 있습니다.

저 또한 소셜미디어를 합니다. 이미지 기반의 인스타
그램이나, 텍스트 기반의 트위터를 하고 있습니다. 소셜
미디어를 통해 자주 웃고 정보도 얻으며, 때론 큰 행복을
느끼기도 합니다. 그러나 저는 늘 소셜미디어와 적절한
거리를 유지하기 위해 노력합니다. 왜냐하면 우리가 조
금만 긴장을 잃으면, 소셜미디어가 언제든지 개인의 삶
을 침해할 수 있기 때문입니다.

우리는 많은 것을 이성적으로 판단하고 인과관계를
따지지만, 그렇지 못한 일들이 훨씬 많습니다. 소셜미디
어도 마찬가지입니다. 누구나 자기도 모르는 사이에 소
셜미디어에 중독되고, 소셜미디어의 노예가 될 수 있습
니다.

자본주의 사회는 '인간'이 아니라, 철저히 '돈'을 으뜸
으로 하고 있습니다. 소셜미디어를 서비스하는 기업은
돈을 벌어야 하기에 어떻게든 사용자를 모으고, 소셜미
디어에 오랫동안 머물도록 해야 합니다. 기업은 다양한
기술을 가지고 인간의 두뇌와 심리를 조종합니다. 사실

이런 일을 무조건 나쁘다고 할 수는 없습니다. 그들이 수익을 올려야만 우리가 더 편리하고 재미있게 소셜미디어를 사용할 수 있기 때문입니다.

다만 기업이 개인의 삶을 망가뜨릴 위험성을 알면서도 과도하게 탐욕을 부린다면, 이는 비판받아 마땅합니다. 현재 소셜미디어 기업의 탐욕은 개인의 삶뿐만 아니라 사회 전반에 영향을 미치고 있습니다.

소셜미디어가 우리의 삶을 망친다고? 현실입니다.

소셜미디어가 민주주의를 위협한다고? 그럴 수 있습니다.

『착한 소셜미디어는 없다』는 소셜미디어가 우리의 삶과 민주주의 사회에 어떤 부정적인 영향을 미치고 있는지 보여주고, 어떻게 하면 이러한 위기에 대처할 수 있을지 함께 고민하고 답을 찾아보는 책입니다. 이 책을 통해서 여러분이 조금이나마 긴장감을 느꼈으면 합니다. 적절한 긴장 속에서 소셜미디어를 안전하고 건강하게 이용하고, 유혹에도 단단하게 버틸 수 있으면 좋겠습니다. 그 힘을 기르기 위해 지금부터 함께 가보겠습니다.

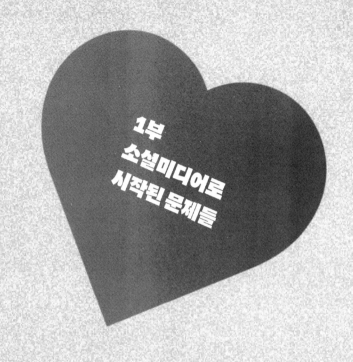

1부
소셜미디어로
시작된 문제들

소셜미디어로
뒤덮인 세상

소셜미디어라는 온라인 공간

　소셜미디어Social Media는 일상을 공유하고, 사람들과 소통하는 온라인 공간입니다. 소셜미디어를 통하면 지구 반대편에 있는 사람과도 친구가 될 수 있습니다. 친구와의 우정을 깊게 하고, 새로운 친구를 만들 수 있는 소셜미디어는 인간의 고마운 친구처럼 여겨집니다.

　소셜미디어라는 단어를 들으면 무엇이 가장 먼저 떠오르나요? 흔히 인스타그램이나 페이스북을 떠올리거나, 요즘 인기가 많은 틱톡을 떠올릴 것 같습니다.

　하지만 소셜미디어의 역사는 생각보다 훨씬 오래되었습니다. 광 네트워크가 아닌 전화선으로 누군가와 연결되던 1990년대부터 소셜미디어는 존재했습니다.

　PC통신은 소셜미디어의 시초라 할 수 있습니다. 여러

분보다 먼저 학창 시절을 보냈던 사람 중엔 전화선으로 PC통신을 하다가 전화비 폭탄을 맞고, 부모님에게 혼나서 엉엉 울었던 사람도 있습니다.

우리가 흔히 생각하는 소셜미디어는 스마트폰이 등장하며 나타났습니다. 스마트폰에 맞게 제한된 글자 수로 사용자를 사로잡은 트위터와 세계 최대 소셜미디어 플랫폼인 페이스북도 이 시기에 폭발적으로 성장했습니다.

트위터는 2006년에 출시된 소셜미디어입니다. 수많은 사용자가 트위터로 다양한 관심사를 제한된 글자 수에 맞게 실시간으로 공유하며 전 세계는 빠르게 가까워졌습니다.

페이스북은 하버드대학교에서 문제아였던 마크 저커버그가 '페이스메시Facemash'라는 이름으로 장난삼아 출발한 서비스입니다. 이 서비스는 주로 여학생의 사진을 쌍으로 올리면서 어느 쪽이 더 마음에 드는지 고르는 방식이었습니다.

서비스를 시작하고 불과 4시간 만에 450명이 이 사이트를 방문했고, 22,000번이나 여학생의 사진이 노출되었습니다. 이 일로 하버드대학교는 발칵 뒤집혔고, 결국 저커버그는 모두에게 사과해야만 했습니다.

그 후 저커버그는 2004년 2월에 페이스북을 정식으로 출시했고, '좋아요' 버튼으로 대표되는 소셜미디어로 빠르게 성장했습니다. 1984년생인 저커버그는 어느덧 전 세계 최고 부자 중 한 명이 되었습니다.

우리는 소셜미디어에 끊임없이 일상을 공유합니다.

내 일상을 보고 누군가가 '좋아요'를 누르고 공감해주면, 우리는 긍정적으로 반응합니다. 우리는 일상을 공유하며 존재감을 확인하고, 때론 자존감을 지키기도 합니다. 소셜미디어는 이런 긍정적인 역할을 할 수 있는 온라인 공간입니다.

하지만 우리는 소셜미디어에서 자신의 거짓된 이미지를 타인에게 과시하기도 합니다. '익명성'을 전제로 한 온라인에서는 누구나 승자가 될 수 있습니다.

소셜미디어는 득이 더 많은 소중한 친구일까요? 아니면 우리를 위협하는 괴물일까요? 소셜미디어는 언제나 친근한 우리의 친구가 아닙니다.

소셜미디어의 어두운 면

스마트폰이 널리 보급되면서 오프라인 대면은 과거에 비해 상대적으로 줄어들었습니다. 젊은 세대로 범위를 한정해 보면, 오프라인보다 온라인에서 사람들과 만나는 비중이 더욱 커졌습니다.

급격한 사회 변화 속에서 인간은 존재감을 잃어버릴 때가 많습니다. 소셜미디어는 자신의 존재감을 확인시켜 주고, 자존감을 높이는 도구로 활용될 수 있습니다.

물론 이는 건강하고 건전하게 사용될 때만 나타나는 모습입니다. 가면을 쓰고, 가짜 인생으로 소셜미디어에서 살아간다면 오히려 삶에 큰 독으로 작용합니다.

인간은 합리적인 존재일까요? 아쉽게도 그렇지 않습

니다. 인간은 생각보다 더 비합리적이고, 이성보다 감정을 앞세우는 동물입니다.

소셜미디어가 긍정적으로 기능하기 위해서는 '인간은 대부분 자제력이 있고 합리적이다'라는 전제가 확립되어야 합니다. 영화 〈닥터 스트레인지〉의 대사처럼 인간의 심리 속에 있는 욕망은 없앨 수 있는 게 아니라 억제할 수 있을 뿐입니다.

비합리적 존재인 인간이 널리 활용하는 소셜미디어는 사용자는 물론이고 개인이 속해 있는 조직에 심각한 위협이 될 수 있습니다. 그리고 개인정보 탈취, 프라이버시Privacy 침해 등 여러 법적 문제가 발생할 수도 있습니다.

그중에서 가장 위험한 건 바로 범죄와의 연결입니다.

소셜미디어에서 벌어지는 사이버 범죄는 그 종류가 정말 많습니다. 지금 이 순간에도 이메일을 통해 악성코드를 유포하거나 개인정보를 노린 해킹이 끊임없이 시도되고 있습니다.

유명인을 사칭하는 계정을 만들어 타인을 속이기도 하고, 실제로 유명인의 계정을 해킹하여 악용하는 일도 발생합니다. 해킹은 개인이 아무리 보안에 철저히 신경

쓴다고 하더라도 막을 수 없을 때가 있습니다. 우리는 자기도 모르게 해킹으로 인한 피해자가 될 수 있습니다.

또한 프라이버시 침해 문제도 쉽게 발생합니다. 소셜미디어에 가입할 때 플랫폼은 사용자에게 개인정보 수집에 동의하라고 합니다. 여기에 동의하지 않으면 아예 소셜미디어를 사용할 수 없는 게 현실입니다. 플랫폼은 사업적으로 협력하는 파트너에게도 고객의 정보를 제공하기도 합니다.

소셜미디어 플랫폼은 사용자가 행하는 모든 행위를 추적하거나 확인할 수 있습니다. 이는 사전에 동의나 고지 없이도 정보 수집이 가능하게 되어 있습니다. 최근 애플은 '개인정보 보호'를 앞세워 사용자가 '앱 추적 금지'를 설정할 수 있도록 했지만, 정작 자신들은 사용자의 개인정보를 마음껏 수집하고 있습니다.

소셜미디어로 인해 스토킹과 집단 따돌림, 명예훼손과 모욕과 같은 기존의 사회문제도 더욱 심각해졌습니다. 소셜미디어는 개인의 프라이버시와 연계된 서비스이기 때문에 이러한 문제에 더 취약할 수밖에 없습니다.

이처럼 소셜미디어에서 제공되거나 유통 혹은 배포되

는 많은 개인정보는 손쉽게 범죄자들에게 악용될 수 있습니다. 의도했든 의도하지 않았든 소셜미디어가 범죄자들에게 유용한 도구가 되는 것입니다.

더욱 큰 문제는 이런 일이 발생해도 사용자는 소셜미디어 플랫폼에 책임을 묻기 어려운 구조라는 점입니다. 사용자가 개인정보를 제공하고, 제삼자가 이용해도 된다고 동의를 했기 때문입니다. 소셜미디어 플랫폼의 잘못이라고 원인이 확실하게 밝혀지지 않는 이상, 플랫폼이 "우리는 아무 책임이 없다"라는 식으로 나와도 사용자는 할 말이 없게 됩니다.

언제나 친구처럼 생각되던 인스타그램, 페이스북, 트위터와 같은 소셜미디어가 이제는 그저 착하고 고마운 친구가 아니라는 사실이 느껴지나요? 이제 소셜미디어의 부작용을 구체적인 사례를 통해 자세히 알아보도록 하겠습니다.

소셜미디어가
불러온 부작용

내 모습이 노출된다, 사라진 사생활!

누가 뭐라 해도 지금은 유튜브의 시대입니다.

얼마 전까지만 해도 사람들이 유튜브 때문에 책을 안 읽는다고 말했지만, 이제는 TV 프로그램의 '위기'를 말합니다. 넷플릭스처럼 TV를 대체할 수 있는 플랫폼도 많아졌고, 사람들이 하나의 콘텐츠를 장시간 소비하지 않고 짧은 콘텐츠를 다양하게 소비하고 있기 때문입니다.

온갖 콘텐츠가 넘쳐나는 유튜브에는 부모가 자녀의 삶을 공유하기도 합니다. 특히 키즈 콘텐츠로 돈을 벌 수 있다는 사실을 깨달은 부모들로 인하여 유튜브는 아이의 성장 일기장이 되었습니다. 일기장은 내 연인이나 가족에게도 보여주지 않습니다. 일기는 개인의 사생활로

남에게 간섭받지 않을 권리인 프라이버시를 전제로 합니다.

하지만 키즈 콘텐츠에는 수많은 정보가 공개되어 있고, 주의를 기울이지 않으면 아이의 개인정보가 고스란히 노출되는 위험한 상황에 맞닥뜨릴 수도 있습니다.

처음엔 나와 내 아이를 위한 콘텐츠였는데, 점점 수익에 대한 욕심이 생기며 오직 조회수를 늘리기 위한 콘텐츠로 변하는 건 쉽게 볼 수 있는 일입니다. 조회수를 높이기 위해 콘텐츠는 점점 더 자극적으로 변하고, 아이의 자연스러운 성장 보습은 사라지고 유행에 따라서 인위적인 모습만 올라옵니다. 그리고 부모의 강요로 아이가 영상을 억지로 찍는 일도 있습니다.

이처럼 부모가 아이의 일상을 기록하고 온라인에 공유하는 현상을 '셰어런팅Sharenting'이라고 부릅니다. 이러한 셰어런팅은 아이의 자율권과 초상권 침해는 물론이고, 아이를 범죄의 위험 속으로 빠뜨릴 수도 있습니다.

유튜브나 소셜미디어 사용에 주의를 기울이지 않으면, 나뿐만 아니라 가족이나 친구처럼 주변 사람의 개인정보도 함께 노출될 수 있다는 사실을 기억하시기 바랍니다.

유명해서 더 문제가 되는
  연예인의 게시물 논란

소셜미디어는 연예인도 많이 사용합니다. 그래서일까요? 많은 연예인이 소셜미디어로 인해 난감한 상황에 부닥친 적이 있습니다.

과거에 '국민 여동생'으로 불리며 지금까지 사랑받는 가수 아이유는 트위터에 올린 사진 한 장으로 난처한 상황에 빠지기도 했습니다.

사진 속 아이유는 잠옷을 입고 있었고, 옆에 있는 슈퍼주니어의 멤버 은혁은 상의를 벗은 듯한 모습이었습니다. 의도했건 의도하지 않았건 아이유의 실수로 인하여 큰 논쟁이 벌어졌습니다. 당시 아이유 소속사는 대중의 확대해석을 경계하며 해명 글을 내놓았습니다. 하지만 대중의 반응은 싸늘했고, 두 사람은 한동안 온갖 추측과 소문에 시달려야만 했습니다.

아이유는 현재 큰 논란이 없고 기부도 많이 하는 아름다운 존재가 되었지만, 소셜미디어로 인해 그 지위를 잃을 수도 있었습니다.

인기 걸그룹 티아라는 트위터에 올린 글이 멤버 간 왕따설 논란으로 확대돼서 이미지가 크게 훼손됐습니다.

2012년, 티아라의 멤버 화영은 방송활동 중 무대에서 넘어져 다리 부상을 입었고, 일본 도쿄에서 열린 첫 단독 콘서트인 '티아라 주얼리 박스'에서 목발을 짚고 등장해 의자에 앉아 〈데이 바이 데이Day by Day〉의 무대만 소화했습니다.

콘서트 후 티아라의 원년 멤버인 은정은 자신의 트위터에 "자리가 사람을 만드는 것처럼 의지가 사람을 만들 수도 있는 건데 안타깝다. 자신의 옆 사람들을 돌볼 줄 알아야지"라는 글을 올렸습니다. 이어 다른 원년 멤버들도 비슷한 내용의 글을 올리며 일명 '티아라 화영 왕따설'이 퍼졌습니다. 반면 화영의 쌍둥이 언니인 효영은 트위터에 동생 화영을 감싸는 글을 올리며 논란이 커졌습니다.

왕따설이 퍼지자, 당사자인 화영은 자신의 트위터에 "가족과 팬분들은 나에게 값비싼 버팀목이다. 지켜봐 주세요"라는 글과 사진을 올렸고, 이어 티아라의 다른 멤버인 효민은 트위터 프로필로 "모든 일에는 일어나는 이유가 있다"라는 문구가 있는 책 표지를 게재해 왕따설 논란을 증폭시켰습니다.

아이러니하게도 티아라는 당시 '아름다운 인터넷 세상 만들기 소셜미디어 홍보대사'였습니다. 소셜미디어가 멤버 간 다툼의 공간이 되었고, 결과적으로는 팀 자체에 악영향을 끼치는 원인이 되었습니다.

2020년엔 한때 연인이었던 가수 장재인과 남태현의 '양다리 갈등'이 소셜미디어를 통해 재점화했습니다.

남태현이 방송을 통해 장재인의 양다리 논란을 언급하자, 장재인은 자신의 소셜미디어에 "한 번만 더 말도 안 되는 이야기를 하거나 관련해 언급할 경우, 회사 차원에서 강경 대응하겠다"라며 강한 분노를 표출했습니다. 그리고 장재인은 '인스타그램 스토리'를 통해 "정직하게 삽시다. 지나간 일에 얽매여 다가올 미래를 놓치지 말고.

내게 참아라, 엮이지 말라고 하는데 비단 저런 비열한 거짓말까지 참아야 하나?"라고 거듭 남태현을 겨냥한 메시지를 남겼습니다.

한때 사랑했던 두 사람은 폭로의 장이 되어버린 소셜미디어에서 팬들에게 큰 실망감과 피로감을 전달했습니다.

지금도 많은 연예인이 소셜미디어로 인해 웃기도 하고 울기도 합니다.

대중의 인기를 먹고 사는 연예인에게 소셜미디어는 팬들과의 소통 창구인 동시에, 잘못 올린 게시물 하나로 심각한 이미지 훼손을 겪는 공간이기도 합니다.

연예인의 소셜미디어는 사적 영역이 아닌 공적 영역입니다. 소셜미디어가 가진 파급력을 생각하면 조심하고 또 조심해야 하는데 그러지 못해 논란은 쉽게 커지고, 괜한 오해를 사는 경우가 많습니다.

왜 연예인들은 소셜미디어에서 다양한 논란을 일으킬까요? 보통 연예인들은 소속사나 언론을 통해 자신의 견해를 드러냅니다. 하지만 그 과정에서 정보들이 각색되거나 선별될 가능성이 있기에 본인이 직접 팬들에게 의사를 전달하겠다는 의지를 갖습니다.

왜곡을 막고 팬들과 직접 소통하겠다는 연예인들의 의도와 필요성은 충분히 이해할 수 있으나, "자기들 문제에 왜 팬들을 이용하는가"라는 비판도 받을 수 있습니다.

그 예로 배우 구혜선과 안재현도 소셜미디어를 통해 이혼 공방을 벌이며 비판받았던 적이 있습니다. 이들은 이혼 소송 10개월 만에 조정을 마무리하며 법적으로 남남이 되었지만, 그 과정은 결코 아름답거나 깔끔하지 않았습니다.

소셜미디어로 인해 심각한 피해를 보는 건 연예인만의 일이 아닙니다. 일반인도 언제든지 소셜미디어 때문에 난감한 상황에 놓일 수 있습니다.

무죄추정의 원칙보다 중요한
  # 마녀사냥과 신상털기

소셜미디어는 마녀사냥과 신상털기의 공간입니다.

여러분은 '한강 대학생 사망 사건'을 아시나요? 이 사건은 한강공원에서 친구와 새벽까지 술을 마시다가 실종된 대학생이 닷새 만에 숨진 채 발견됐고, 숨진 대학생이 사고로 죽었는지 아니면 친구에 의해 죽었는지 여전히 논란이 되고 있습니다.

죽은 대학생과 늦게까지 술을 마셨던 친구는 지금도 고통 속에 시달리고 있습니다. 그가 친구를 죽였거나 죽음을 방치한 사실도 정확하지 않은데, 평생 살면서 받지 않아도 될 비난을 받고 있기 때문입니다.

수사기관에서 친구는 아무런 죄가 없다고 결론을 냈음에도, 이것을 믿지 않으려고 하는 사람들이 있습니다.

이들은 경찰의 수사를 신뢰할 수 없다고 주장하는 저질 유튜버의 말을 무조건 믿습니다.

사랑하는 아들을 잃은 아버지의 마음에 공감하는 따뜻한 시선은 우리 사회에 꼭 필요한 요소입니다. 하지만 잘못된 정보를 맹신하며 친구를 범인으로 몰아세우는 행위는 결코 일어나서는 안 될 일이었습니다.

이 사건과 관련하여 소셜미디어에서 벌어진 모습들은 정의감에 불타는 집단지성이 아니라 집단광기에 가까웠습니다. 명확한 근거도 없이, 단 하나의 증거 같지 않은 증거로 사고가 아닌 사건으로 몰아갔습니다.

마녀사냥을 당한 친구는 온라인에 신상이 노출되었고, 일상생활이 불가능한 상태입니다. 그는 친구를 잃은 슬픔보다 마녀사냥으로 인한 극도의 불안과 공포 속에서 살아가고 있습니다.

고인이 된 대학생에겐 따뜻하다 못해 뜨겁기까지 했던 시선과 달리, 평생 상처를 입고 살아야 할 수도 있는 친구에게는 따뜻한 시선이 보이지 않습니다. 공공장소인 지하철에 게시된 죽은 대학생의 추모 게시물도 공감하는 사람들이 친구가 겪을 수 있는 고통은 전혀 생각하지 않습니다.

어느덧 소셜미디어를 통한 마녀사냥과 신상털기는 일종의 놀이가 되었습니다.

소셜미디어에 하나의 이슈가 폭로되면 많은 사람이 '네티즌 수사대'가 되어 이슈 주인공의 소셜미디어 계정과 온라인 커뮤니티에 올린 글을 뒤지며 탐색합니다. 이 과정에서 얻은 결과물은 즉시 소셜미디어에 공유됩니다. 피해자가 마녀사냥과 신상털기를 하지 말라고 부탁해도 광기에 휩싸인 대중은 멈추지 않습니다.

이들은 자신이 가해자로 지목한 사람이 실제로는 사건과 전혀 무관한 사람이고, 자신의 추리가 틀렸음에도 반성하거나 잘못을 인정하지 않습니다. 그저 자신의 관심을 끄는 어떤 이슈가 생겨나면 또다시 더듬이를 바짝 세우며 마녀사냥과 신상털기에 나설 뿐입니다.

누군가를 죽음으로 내모는 악성댓글

소셜미디어는 익명성의 가면을 쓰고 악성댓글(악플)을 쏟아내는 공간이 되기도 합니다.

가수 겸 배우 설리는 자택에서 스스로 짧은 생을 마감했습니다. 그녀는 소셜미디어를 통해서 활발하게 팬들과 소통했지만, 때론 논란이 될 수 있는 게시물도 올렸습니다. 이런 게시물이 올라올 때마다 설리의 소셜미디어에는 선을 넘은 성희롱 발언과 모욕 등 수많은 악플이 달렸습니다.

한 사람의 자유로운 생각은 결코 악플의 명분이 될 수 없음에도 그녀를 향한 폭력은 멈추지 않았습니다. 결국 설리는 극심한 고통과 아픔 속에서 너무 일찍 세상을 떠났습니다.

설리의 절친이었던 구하라 역시 오랫동안 악플에 시달렸습니다. 2008년 만 17세에 그룹 카라의 멤버로 데뷔한 구하라는 다른 그룹의 멤버와 공개 열애를 시작하면서 악플의 수위가 점점 높아졌고, 인스타그램에 올린 사진 한 장으로 큰 논란에 휩싸였습니다.

당시 그녀는 손에 말아 피우는 담배 사진과 함께 "이거 신맛 난다. 맛이 있다"라는 게시물을 올렸습니다. 게시물은 곧 삭제됐지만, 온라인 커뮤니티 등을 통해 해당 게시물을 캡처한 이미지가 퍼졌습니다. 이것을 본 사람들이 담배가 아니라 마약을 하는 게 아니냐고 구하라를 비난하기 시작했습니다.

구하라는 공개적으로 악플을 멈춰달라고 호소했습니다. 고통을 숨기지 않았습니다. 하지만 악플은 멈추지 않았습니다. 그녀를 향한 악플은 전혀 줄어들지 않았고, 고통받던 구하라는 결코 해서는 안 되는 선택을 했습니다.

너무 어리고 여렸던 두 사람의 죽음 이후 악플의 위험성에 대한 사회적 공감대가 모이고, 사이버상의 명예훼손에 대한 처벌 수위도 높아졌습니다. 하지만 소셜미디어에는 여전히 많은 악플이 배설되고 있습니다.

악플은 일반인에게도 날카로운 칼이 되어 날아갑니다. 유튜브 채널을 개설한 후 댓글로 외모를 지적받기도 하고, 온라인 게임을 하다가 채팅창을 통해 성희롱당하기도 합니다.

악플로 인한 우울증으로 극단적인 선택을 고민할 정도로 심각한 상황 속에서, 개인이 법적 대응을 하는 건 쉬운 일이 아닙니다. 늘어나는 악플만큼 모욕이나 명예훼손 혐의로 고소하는 사례도 늘고 있지만, 악플에 대한 처벌이 쉽지 않기 때문입니다.

악플은 작성자를 특정하기 어렵고, 일반인이라 경찰이 압수수색과 같은 강도 높은 수사를 진행하기에도 많은 어려움이 있습니다. 돈과 시간, 노력도 많이 들어가지만, 악플 작성자를 잡더라도 처벌하는 수위가 높지 않습니다. 대부분 가벼운 벌금형으로 끝납니다. 이처럼 악플을 처벌하기 쉽지 않은 상황에서, 여러분이라면 어떤 댓글을 남길 건가요?

진실 혹은 거짓, 무차별 폭로의 장

소셜미디어는 무차별 폭로의 장이 되기도 합니다.

과거에 두려움으로 밝히지 못했던 피해가 소셜미디어를 통해 세상에 알려지고, 가해자를 처벌하거나 가해자에게 사과받는 건 좋은 일일 수도 있습니다. 하지만 허위 사실도 무분별하게 유통되기에 큰 문제가 됩니다.

한 음식점에 어느 날부터 이유를 알 수 없는 욕설과 항의 전화가 빗발칩니다. 음식점 사장은 아무런 잘못을 한 게 없는데 욕을 먹어 그저 황당할 따름입니다. 이유를 확인해봤더니, 이 음식점에서 음식을 주문한 사람이 "음식에서 구더기가 나왔다"라고 소셜미디어에 비방 게시물을 올린 게 원인이었습니다.

해당 게시물은 온라인 공간에서 빠르게 퍼져나갔고, 분노한 사람들은 음식점 사장을 직접 비난하기 시작했습니다. 그러나 이는 허위사실이었습니다. 이후 문제의 게시물은 삭제됐지만, 항의 전화와 욕설은 그치지 않았습니다. 결국 음식점 사장은 극심한 스트레스와 우울증으로 음식점을 임시 폐업하고 병원 치료까지 받아야 했습니다.

반대로 이런 사례도 있습니다.

소셜미디어를 통해 군에서 제공하는 도시락이 부실하다고 폭로되어 나라 전체가 시끄러웠던 적이 있습니다. 도시락만 문제가 아니었습니다. 생일자의 케이크 예산은 15,000원인데 정작 주는 것은 1,000원짜리 빵에 촛불 하나라는 사실부터, 코로나19 방역을 이유로 화장실 이용에 제한을 두는 것도 문제가 제기되었습니다.

이제는 국방의 의무를 수행하면서도 스마트폰을 사용할 수 있고, 소셜미디어라는 플랫폼이 있으니 젊은 장병을 중심으로 자유롭게 의견과 불만을 제시하는 것입니다.

명령과 군기로 유지되는 군대가 소셜미디어로 인해 휘청거린다는 비판도 존재하지만, 소셜미디어를 통하면 자신의 신분을 감추면서도 빠르게 문제를 제기해 잘못을 바로잡을 수 있습니다.

소셜미디어는 이제 단순히 사회관계망 서비스를 넘어 하나의 사회적 무기가 되었습니다.

많은 사람이 '피해자의 폭로를 통해 가해자의 진정성 있는 사과와 보상'과 같은 소셜미디어의 긍정적인 기능을 기대합니다. 실제 소셜미디어가 우리 사회의 정의와 윤리성을 높이는 소중한 도구가 될 수도 있습니다. 하지만 정반대의 시각도 존재합니다. 모든 폭로가 진실이 아니기 때문입니다. 잘못된 폭로로 인해 억울한 피해자가 발생할 수 있습니다.

예를 들어 배우 신현준이 그런 피해자 중 한 명입니다. 전 매니저가 소셜미디어로 갑질 의혹을 폭로해 신현준은 많은 비판을 받아야만 했습니다.

신현준은 허위사실유포와 명예훼손 혐의로 강하게 대응했고, 갑질 의혹은 수사기관과 법원에서 무혐의로 결론이 났습니다. 하지만 그가 입은 마음의 상처는 쉽게 아물지 않을 겁니다.

익명성을 이용하는 대나무숲

대나무숲은 2012년 한 출판사 직원이 익명으로 사장의 차명재산을 비롯한 회사의 부조리를 공개하는 글을 대나무숲이라는 트위터 계정에 올리면서 시작됐습니다.

이후 비슷한 이름의 트위터 계정이 우후죽순으로 생겨났고, 이제는 익명 게시판인 '블라인드'로 영토가 넓어졌습니다. 요즘 대학생들은 대학교 대나무숲 계정에 고민을 털어놓고, 직장인들은 블라인드에서 고민을 이야기합니다.

대나무숲은 몇 가지 원칙을 바탕으로 운영됩니다.

공격적이며 편파적인 정치·종교 게시물은 삭제됩니다. 홍보성이 짙고, 개인의 신상이나 불건전한 내용도 제외됩니다. 그리고 가장 큰 특징은 '익명성'입니다.

대나무숲에서는 익명성을 기반으로 각종 부조리를 가감 없이 털어놓을 수 있습니다. 하지만 익명성 때문에 대나무숲이나 블라인드에서 마녀사냥이 일어나기도 합니다.

자신의 신분을 감추고 그 어떤 이야기도 할 수 있기에 '아니면 말고' 식의 제보가 쏟아집니다. 이곳에서는 개인의 경험과 주관성이 짙은 제보를 통해 부정적인 여론을 형성해 특정 대상을 향한 마녀사냥이 쉽게 이뤄집니다.

대나무숲이나 블라인드는 그 누구나 이용할 수 있는 공간이 아닙니다. 대학 간판으로, 회사 이름으로, 업계로 교집합이 이뤄져야만 이용할 수 있기에 특유의 폐쇄적인 정체성이 형성됩니다. 그래서 모두가 이용할 수 있는 온라인 커뮤니티보다 사용자에게 더 큰 영향력을 발휘할 수 있습니다.

대나무숲이나 블라인드는 사람들에게 위로받는 공간이 될 수도 있고, 혹은 허위사실을 퍼트리는 공간이 될 수도 있습니다. 왜냐하면 익명성과 폐쇄적인 정체성이 끈끈하게 결합한 곳이기 때문입니다.

양날의 검, 해시태그

해시태그#는 소셜미디어를 활발하게 이용하는 사람이라면 누구나 익숙한 개념일 것입니다.

해시Hash기호를 써서 게시물을 묶는다Tag고 해서 해시태그라는 이름이 붙었습니다. 해시 기호 뒤 문구는 띄어쓰지 않습니다. 띄어 쓰면 해시태그가 아닌 것으로 인식합니다.

해시 기호가 정보 묶음을 가리키는 데 처음 쓰인 곳은 인터넷 채팅 서비스인 IRCInternet Relay Chat였습니다. IRC는 인터넷만 연결돼 있으면 전 세계 누구와도 실시간으로 대화를 나눌 수 있도록 한 점이 특징입니다. 해시 기호는 IRC에서 그룹이나 토픽을 지정하는 데 쓰였습니다.

초기의 해시태그는 관련 정보를 묶는 정도의 기능에

한정됐지만, 현재는 검색 등 다른 용도까지 아우르는 개념으로 확장됐습니다.

여러분도 인스타그램이나 페이스북 같은 소셜미디어에 게시물을 올리고 해시태그를 달거나, 같은 해시태그가 있는 게시물을 검색한 경험이 있을 겁니다. 해시태그는 검색의 편리함을 위해 도입된 기능이지만, 특정 주제에 관한 관심과 지지를 드러내는 수단으로 사용되기도 합니다.

해시태그는 세상을 바꿨습니다.

성범죄를 고발한 미투운동#MeToo과 길거리의 쓰레기를 치우는 트래시태그챌린지#TrashTagChallenge는 모두 해시태그를 통해 전 세계로 퍼졌습니다. 해시태그에 실리는 주제는 다양합니다. 해시태그를 통해 선한 영향력만 발휘되면 좋겠지만, 안타깝게도 가짜뉴스나 거짓 정보가 유통되기도 합니다.

요즘 소비자들은 네이버와 같은 포털 사이트보다 유튜브나 인스타그램 등 소셜미디어를 더 선호하는데, 바뀐 시대상 속에서 해시태그의 영향력은 상상 그 이상입니다. 이렇다 보니 많은 소셜미디어 사용자는 게시물을 올릴 때마다 '좋아요'를 더 많이 받기 위해서 최대한 많은 수의 해시태그를 달고 있습니다.

해시태그를 활용한 게시물이 자신에게 향하면 큰 문제가 되지 않습니다. '#작심삼일피하기' '#바디프로필찍기' 등 자기계발과 성공을 위한 자양분과 동기부여로 훌륭한 역할을 합니다. 하지만 타인에게 향하면 문제가 발생합니다. 타인을 향한 게시물을 올리다 보면 타인에게 관심받고 싶어 하는 욕구가 지나친 '관종(관심종자)'이 되기도 하고, 마구 올려진 해시태그는 그만큼 검색도 쉬워지고 다양한 게시물이 노출돼서 사고와 범죄의 가능성을 높입니다. 세상을 바꾼 해시태그에도 부작용이 나타날 수 있습니다.

누구나 참여할 수 있는 위험천만한 챌린지

소셜미디어에서는 다양한 챌린지가 일어납니다.

한 프로그램에서 유행한 댄스를 따라 하는 게 챌린지가 되기도 하고, 불우한 이웃을 돕기 위한 선의의 챌린지가 벌어지기도 합니다. 하지만 매우 위험천만한 챌린지가 진행되기도 합니다.

여러분은 '흰긴수염고래 게임Blue Whale Challenge'을 아시나요? 2013년부터 러시아 청소년들 사이에서 유행했던 흰긴수염고래 게임에서는 '밤새 공포영화 보기' '24시간 동안 외부와 소통 단절하기' '팔에 글자 새기기' '동물 학대하기' 등이 미션으로 주어졌습니다. 그리고 마지막 50번째 미션은 세상을 떠나는 것이었습니다. 실제로 목숨을 끊은 청소년들이 생기면서 흰긴수염고래 게임은 사회적으로 큰 문제가 되었습니다. 이 게임에 참여했다가 세상을 떠난 청소년만 130명으로 추산됩니다.

흰긴수염고래 게임에 참여한 청소년들은 온라인 게임 커뮤니티에 가입해 50일 동안 관리자가 제시하는 미션을 수행하게 됩니다. 이들은 흰긴수염고래 게임 해시태그와 미션 수행을 인증하는 사진을 함께 올리곤 했습니다. 미션을 하나하나 수행하는 가운데 미션의 난이도는 점점 어려워졌고, 결국 극심한 스트레스 속에서 일부 청소년이 삶을 마감한 것입니다.

흰긴수염고래 게임에 참여한 이는 대부분 10대였고, 'F57'이라는 온라인 커뮤니티에서 활동했습니다. F57은 러시아 최대 소셜미디어에 속한 온라인 커뮤니티로, 10대 청소년들이 우울증에 관해 이야기를 나누는 비공개 커뮤니티였습니다.

흰긴수염고래 게임이 한참 유행할 당시 미국이나 인도 등 러시아가 아닌 다른 나라에서도 게임의 위험성을 알리고, 대책 마련에 나서기도 했습니다.

이 게임을 만든 필립 부디킨은, 2016년 11월 러시아

수사당국에 체포돼 청소년 16명의 목숨을 끊게 만든 혐의로 징역 3년 4개월형을 선고받았습니다. 하지만 그는 자신이 저지른 죄를 전혀 뉘우치지 않았습니다.

부디킨은 "사람이 있고, 생분해성 폐기물이 있는데 나는 우리 사회를 정화하고 있었다. 때로 이게 잘못된 일이라는 생각이 들기도 했지만, 결국 난 이게 옳은 일이라 느꼈다"라고 말했습니다. 마치 영화 〈어벤져스: 엔드게임〉의 타노스처럼 자기합리화를 통해 모든 행동이 정의를 위해서였다고 주장하고 있습니다.

사실 흰긴수염고래 게임의 피해는 과장된 측면이 있습니다. 이 게임에 참여한 청소년 130명이 모두 목숨을 끊은 것은 아닙니다. 어떻게 이 게임의 피해가 과장되었을까요?

2015년, 러시아에서 리나 파렌코바라는 청소년이 온라인에 셀카를 올리고 목숨을 끊었습니다. 이후 파렌코바는 일부 청소년들 사이에서 우상이 되었습니다.

여기에 영향을 받은 청소년들이 차례로 목숨을 끊으면서 점차 집단화되었는데, 목숨을 끊은 청소년들한테서 파렌코바와 흰긴수염고래의 사진이 발견되면서 흰긴수염고래 게임으로 130명의 청소년이 자살했다는 소문이 퍼진 것입니다.

부디킨에게 징역을 선고한 재판부 역시 16명만 특정했습니다. 130명이 아니라 16명이었다는 이유로 심각성이 사라지는 건 아닙니다. 단 한 명이라도 목숨을 끊는 일이 없어야 합니다. 이처럼 '게임'이라는 이름의 챌린지는 매우 위험할 수 있습니다.

현재 부디킨은 형을 마치고 출소한 상태입니다. 이 위험한 게임은 언제든지 다시 시작될 수 있습니다. 이와 유사한 계정이 소셜미디어 특유의 쉬운 복제와 빠른 전파력을 타고 계속 생겨나는 중입니다. 챌린지와 게임이라는 이름으로 언제든지 이 사회에 해를 끼칠 수 있는 것이 바로 소셜미디어입니다.

전 국민이 분노한 n번방 사건

우리나라를 충격에 빠지게 만든 n번방 사건을 다들 들이봤을 겁니다. n번방 사건이란 2018년 하반기부터 메신저 앱인 텔레그램를 통해 자행된 성 착취 사건을 말합니다.

n번방과 박사방을 개설·운영한 가해자들은 미성년자를 포함한 일반 여성을 대상으로 성 착취 영상을 찍도록 협박하고, 해당 영상을 텔레그램의 비밀 채팅방에서 판매하는 잔인무도한 행각을 벌였습니다.

n번방이라는 명칭은 1번부터 8번까지 각각 다른 이름이 붙여진 8개의 텔레그램 비밀 채팅방에서 방마다 서로 다른 피해 여성들의 신상정보와 성 착취물이 올라온 데서 붙여진 것이고, 박사방은 운영자 닉네임이 '박사'여서

붙여진 이름입니다.

　n번방과 박사방의 가해자들은 사람이 아니었습니다.

　피해자들의 성 착취 영상을 올리는 것은 물론 이들의 신상정보까지 모두 공개해, 피해자들이 복종할 수밖에 없도록 했습니다. 피해자들은 극심한 고통 속에서도 자신이 처한 상황을 외부에 알릴 수 없었습니다.

　가해자들은 신고와 추적을 피하고자 해외에 서버를 두고 비밀리에 운영되는 텔레그램을 이용하면서, 채팅방을 수시로 없애고 만드는 일을 반복했습니다. 또한 문화상품권이나 가상화폐처럼 추적이 어려운 금품을 받은 뒤 방문자들에게 비밀 채팅방으로 향하는 링크를 공유했는데, 이곳에 입장한 사람들은 돈을 내고 성 착취 동영상을 구매하거나, 피해자들에게 더 잔인하고 야만적인 행위를 요구했습니다.

　가해자들은 피팅 모델이나 데이트 아르바이트를 모집한다고 알리며 피해 여성들을 유인했습니다. 아니면 자신들을 경찰이라고 사칭하며 피해 여성의 개인정보를 알아낸 뒤, 피해자를 협박해 성 착취 영상물을 요구하기도 했습니다.

소셜미디어가 없었다면 n번방 사건은 일어나지 않았을 수도 있습니다. 가해자들은 소셜미디어를 통해 피해자에게 접근했고, 소셜미디어를 통해 범죄를 저질렀습니다.

지금도 소셜미디어에서는 다양한 범죄가 일어나고 있습니다. 특히 미성년자를 상대로 마약이나 술과 담배를 대신 사주고 수수료를 챙기는 '대리구매(댈구)'와 10만원 이하의 금액을 초고금리로 빌려주는 '대리입금(댈입)'이 성행하고 있습니다.

소셜미디어를 통한 범죄는 하나로 머무는 게 아니라, 다른 범죄와도 연결되기 쉬워서 그 위험성이 매우 큽니다. 현재 경찰과 검찰에서도 소셜미디어 전담팀을 만들어 대응하고 있지만, 소셜미디어를 통한 범죄는 앞으로도 계속 발생할 것입니다.

조회수에 집착하는 사이버 렉카들

　교통사고 현장에 가장 먼저 달려가는 렉카(견인차)처럼 온라인에서 이슈가 생길 때마다 재빨리 짜깁기한 영상이나 게시물을 만들어 조회수를 올리는 이들이 있습니다. 바로 사이버 렉카입니다.

　사이버 렉카는 온라인상에서 이슈가 생길 때마다 빠르게 게시물을 업로드합니다. 사실이 확인되지 않은 내용을 짜깁기하여 유포하고, 내용과 전혀 관련이 없는 자극적인 섬네일Thumbnail을 통해 사용자의 '클릭'을 유도합니다.

　유튜브가 대세가 되고, 조회수를 통해 돈을 벌 수 있는 환경은 사이버 렉카들이 더욱 기승을 부리도록 만듭니다. 사이버 렉카로 인해 '카더라' 시대는 더욱 가속화되고 있습니다. 허위사실유포나 선정성 부각 등의 문제는 기존에도 존재해왔지만, 유튜브 시대에 더욱 노골적으로 드러나고 있습니다.

특히 구독자와 조회수를 기반으로 하는 유튜브의 수익 구조가 자극적인 콘텐츠 경쟁을 부추기고 있으며, 유튜브의 익명성도 검증되지 않은 정보의 확산에 일조하고 있습니다.

유튜브는 사용자가 선호하는 영상과 함께 다수의 사용자가 관심을 보이는 영상을 추천합니다. 그러나 영상의 내용이나 사회에 미칠 파급력을 고려하지 않기 때문에 사이버 렉카는 유튜브의 수혜자가 됩니다.

사이버 렉카가 자극적인 내용을 이슈화하면 이를 본 많은 사람은 온라인 트롤링Trolling을 통해 논란을 확산시킵니다. 온라인 트롤링이란 인터넷 공간에서 공격적이고 반사회적인 반응을 유발하는 행위를 의미합니다.

현재 사이버 렉카를 처벌할 수 있는 가장 유력한 방법은 명예훼손과 모욕죄로 고발하는 것입니다. 하지만 명예훼손과 모욕이 인정되더라도 유튜브를 통해 버는 수익이 벌금보다 훨씬 많아서 사이버 렉카는 활동을 멈추지 않습니다.

이들은 영상 조회수에 따라 더 높은 액수를 지급하는 유튜브의 수익 구조를 이용해 자극적인 제목과 사진으로 조회수를 올리는 데 집중할 뿐입니다.

사이버 렉카들은 법의 사각지대에서 활동하는 방법을 잘 알고 있습니다. 입증되지 않은 사실을 올리며 자극적으로 방송하면서도 '논란'이나 '의혹' 등의 단어를 사용해 명예훼손이나 모욕에서 교묘하게 빠져나갑니다.

실제 고소·고발이 이뤄져도 해당 내용이 추측에 그치면 게시자를 처벌하기 어려운 경우가 대부분입니다. 그리고 유튜브에서 신상을 특정하는 것부터 매우 어려운 일입니다.

사이버 렉카는 수많은 범죄자의 심리와 비슷한 모습을 보입니다. 이들은 거짓말이나 불법 등에 무감각한 모습을 보이며, 합리적이고 도덕적으로 판단하지도 않습니다. 마치 사이코패스나 소시오패스와 같은 면을 그들에게서 발견할 수 있습니다. 다른 사람의 입장이나 감정, 법적인 처벌을 조금이라도 신경 썼다면 이러한 행동을 할 수 없습니다.

유튜브가 성장하기 전까지 사이버 렉카의 표적은 주로 연예인이었습니다. 하지만 누구나 손쉽게 시작할 수 있는 '1인 미디어'의 성행으로 일반인과 연예인의 경계가 흐릿해지며 사이버 렉카의 범위 또한 확장됐습니다.

앞으로도 사이버 렉카는 기승을 부릴 수밖에 없습니다. 유튜브를 통해서 돈을 벌 수 있는 구조는 그대로 유지될 수밖에 없고, '관심 경제' 혹은 '주목 경제'로 불리는 시대적 배경 속에서 개인은 더욱 조회수에 집착할 것입니다.

사이버 렉카는 대중의 알 권리를 내세워 마구잡이로 콘텐츠를 올리고 있지만, 그들의 행위는 범죄로도 연결될 수 있는 심각함을 가지고 있습니다. 알 권리는 최고의 가치가 될 수 없고, 최우선 순위 역시 될 수 없습니다.

대중에게 잘못된 온라인 공론장을 제공하고, 왜곡되고 거짓된 정보로 누군가의 목숨까지 앗아가는 사이버 렉카들. 이들의 과속 행위를 막기 위한 장치가 꼭 필요합니다. 이것은 법적인 조치만 말하는 게 아닙니다. 제대로 된 정보를 수용할 수 있는 사용자의 높은 의식 수준도 필요로 합니다.

가짜 인생을 사는 인플루언서

언제 어디서나 소셜미디어에 접속할 수 있는 세상에서 우리는 '인플루언서'라는 새로운 우상의 탄생을 마주하고 있습니다. 여러 인플루언서 중에서 소셜미디어 사용자의 동경과 추앙을 한 몸에 받는 대표적인 사람들은 화려하고 멋진 삶을 과시하면서 '플렉스'를 외치는 인물들입니다.

2013년, 뉴욕 사교계에 혜성같이 나타나 사람들을 사로잡은 인플루언서가 있었습니다. 바로 독특한 유럽 억양을 구사하던 애나 소로킨입니다.

소로킨은 뉴욕에서 새로 사귄 친구들과 고급문화를 즐겼습니다. 맨해튼의 고급 호텔에서 몇 달씩 머무르며,

고가의 의상과 액세서리로 치장하고 각종 행사장에 등장했습니다. 한 시간에 수백 달러에 달하는 개인 트레이너와 함께 운동을 즐겼고, 그녀의 인스타그램엔 세계 전역의 고급 레스토랑에서 식사를 즐기는 모습이 담겼습니다.

2017년 10월, 그녀의 화려했던 삶이 끝나기 전까지 그녀가 사기꾼이라고 의심한 사람은 아무도 없었습니다.

소로킨은 고등학교를 졸업한 후 파리의 패션잡지사에서 인턴으로 근무하다가 2013년에 뉴욕으로 이주하며 본격적으로 거짓말을 시작합니다. 화려한 패션 업계의 삶에 푹 빠진 그녀는 이상과 현실을 혼동했습니다.

그녀는 '애나 델비'라는 가명으로 자신을 백만장자 상속녀라 소개하며, 뉴욕 사람들을 완벽하게 속였습니다. 다른 사람을 속이기 위해서는 뻔뻔함과 대담함이 필수입니다.

소로킨은 타의 추종을 불허하는 철면피가 되었습니다. 소로킨은 비싼 호텔에서 돈 한 푼 내지 않고 식사를 하거나 개인 전용기에도 공짜로 탑승했습니다. 은행에서 수만 달러를 빌렸고, 부자 지인의 카드를 몰래 사용하기도 했습니다.

100달러씩 건네는 통 큰 팁에 호텔 직원도 그녀의 편이 됐고, 법조계와 금융계의 남자들은 그녀의 특별한 매력에 빠져 판단력을 잃고 그녀를 도왔습니다. 모두가 소로킨에게 푹 빠진 것입니다.

만약 소로킨의 가짜 인생이 타인에게 피해를 주지 않았다면 아무런 문제가 없었을 수도 있습니다. 그러나 그녀의 화려한 거짓말은 많은 피해자를 발생시켰습니다.

더 많은 수수료를 받기 위해 그녀의 대출 심사를 도운 사람부터 그녀의 언변과 매력을 이용해 투자를 끌어오고 싶은 남자친구들, 소로킨이 지닌 영향력과 인맥을 사고 싶은 사람, 그녀의 돈으로 고급 여행을 즐기려던 친구들까지.

이들도 따지고 보면 자신의 이익을 탐하다가 피해자가 된 것이지만, 그렇다고 해서 이들을 똑같이 손가락질할 수는 없습니다.

그렇다면 소로킨의 실제 모습은 어떠했을까요?

실제 소로킨은 1991년 러시아에서 태어나 2007년 16세가 되던 해 독일로 이주한 것으로 알려져 있습니다. 트력 운전사였던 그녀의 아버지는 독일에서 냉난방 사업을 한 적이 있지만 거액의 재산은 없었습니다.

부모의 지원을 받으며 생활하던 소로킨은 2013년 '뉴욕 패션위크'에 참석하기 위해 뉴욕을 방문하면서 독일 부호의 상속녀로 둔갑했습니다.

자신의 이름을 소로킨에서 델비로 바꾸고, 자기 이름으로 된 펀드에 6,700만 달러의 돈이 있다면서 100달러짜리 지폐를 팁으로 쓰기 시작했습니다.

평범한 인생을 살며 거짓으로 고급문화를 누리는 건 언젠가는 들통이 나게 되어 있습니다. 소로킨은 2016년 예술재단 설립을 계획했다며 은행에서 거액을 대출받았습니다. 당시 그녀는 맨해튼의 고급 호텔에서 머물며 장기 투숙 비용을 갚지 못하고 있었습니다. 지출을 빚으로 메우는 삶이 계속되면서 그녀는 점점 가면을 벗어야 했습니다.

결국 소로킨은 미국 법정에 섰고, 법의 처벌을 받았습니다. 뉴욕 법원은 소로킨에게 징역 4년에서 최대 12년을 선고하고 20만 달러의 피해배상과 2만 4,000달러의 벌금도 부과했습니다.

이후 교도소에 수감된 소로킨은 최소 형기의 절반을

채우고 모범수로 가석방됐습니다. 그리고 넷플릭스에 자신의 이야기를 팔고, 〈애나 만들기〉라는 드라마를 제작할 수 있도록 허가하면서 그에 따른 수익도 챙겼습니다. 참 요지경 세상입니다.

소셜미디어를 포함한 이 세상엔 소로킨처럼 가짜 인생을 사는 이들이 너무나도 많습니다. 돈이 최고의 가치가 되어버린 세상에서 가짜 인생은 부를 추구할 수 있는 하나의 수단이 된 지 오래입니다. 소로킨의 가짜 삶은 드러났지만 제2, 제3의 가짜 삶은 지금도 계속되고 있습니다.

인간이 살아가며 가장 피해야 할 단어 중 하나가 '척'인데, 거리낌 없이 '하는 척'하는 사람들이 소셜미디어에는 수두룩합니다. 인플루언서는 화려한 인생을 사는 것처럼 보이지만, 보이는 모습이 전부는 아닙니다.

소셜미디어에
빠지게 되는 이유

우울감을 유발하는 소셜미디어

소셜미디어가 우리 삶에 깊숙이 들어오면서 다양한 분야에서 이와 관련한 연구가 활발하게 일어나고 있습니다. 최근 의학계에서는 소셜미디어 사용자의 심리에 주목했습니다.

미국의 피츠버그 의과대학에서 진행한 연구 결과에 따르면, 소셜미디어 이용 시간과 계정에 들어가는 횟수를 기준으로 상위 25퍼센트의 사용자는 하위 25퍼센트의 사용자보다 우울증 발병 위험이 최소 1.7배에서 2.7배까지 높다고 나왔습니다.

연구팀은 우울증을 겪는 사람이 현실 도피의 이유로 소셜미디어를 이용하는 경향이 높은지, 소셜미디어가 우울한 기분을 유발할 확률이 높은지는 아직 심층 연구가 필요하다고 전했습니다.

소셜미디어가 우울증에 영향을 미치는 건 인간이 비교의 동물이기 때문입니다. 인간은 끊임없이 타인과 자신을 비교합니다. 소셜미디어를 하면서 나보다 잘난 사람, 나보다 돈이 많은 사람, 나보다 행복해 보이는 사람을 보며, 나도 모르게 위축되고 우울한 감정을 느끼는 것입니다.

우울증은 감정의 영역이라기보다는 뇌 기능에 문제가 생기는 질병입니다. '의지'만 가지고 해결할 수 있는 게 아닙니다. 누구나 우울감을 느낄 수 있고, 그 증세가 심해지면 병이 됩니다.

과도하게 소셜미디어를 이용하는 건 일종의 중독 현상입니다. 운동 중독이나 게임 중독과 같은 것입니다. 소셜미디어를 하면 즐거운 게 아니라 우울하고 짜증이 난다면 즉각 멈추면 되는데, 중독 상태면 소셜미디어에서 헤어나기가 어렵습니다. 본인의 확고한 의지가 있다고 해도 소셜미디어를 끊어내는 건 정말 힘듭니다.

이처럼 소셜미디어 중독이나 범죄를 예방하고 막기 위해 플랫폼이 그 역할을 해야 하는데, 현실은 사용자가 스스로 조심하는 수밖에 없습니다.

소셜미디어가 위험한 건 플랫폼이 더 잘 알고 있습니다. 하지만 플랫폼은 본질적으로 돈을 벌어야 합니다. 소셜미디어 사용자의 사용 시간이 늘어날수록 플랫폼은 더 많은 수익을 기대할 수 있습니다. 그렇기에 그들에게 많은 기대를 할 수 없습니다.

사용자는 소셜미디어가 나를 망칠 수 있음을 항상 인지하고 있어야 합니다. 중독에 빠지지 않도록 스스로 시간을 통제할 필요성도 있습니다. 그래야만 소셜미디어는 위험한 도구가 아닌, 내 자존감을 높여주고 잠시나마 나를 행복하게 만들어주는 고마운 친구가 될 수 있습니다.

우리의 행동을 지배하는 알고리즘

여러분은 알고리즘Algorithm에 대해서 알고 있나요?

알고리즘이란 어떤 일을 해결하려는 방법과 절차를 의미하는 것으로, 컴퓨터에서 작동이 일어나게 내재하는 단계적 집합을 말합니다. 말이 조금 어렵나요? 쉽게 표현하자면 특정 동영상을 보고 있는데, 옆에 비슷한 동영상이 함께 노출되도록 구현하는 기술을 말합니다.

소셜미디어를 하다 보면 깜짝 놀랄 때가 많습니다.

페이스북이나 인스타그램에 특정 브랜드를 좋아한다고 말한 적도 없는데, 그 브랜드의 배너가 노출됩니다. 이것은 플랫폼에서 사용자의 데이터를 추적하고 분석해 '맞춤형 광고'를 노출한 것입니다.

대부분 소셜미디어는 서비스 이용을 위해 개인정보 수집에 동의해 달라고 요청합니다. 플랫폼은 우리가 체크한 동의를 기반으로 데이터를 수집하고 분석합니다. 이 과정에서 프라이버시 침해가 발생하더라도, 사용자의 동의를 내세워 마음껏 데이터를 사용하고 있습니다.

소셜미디어 플랫폼이 사용자의 생각과 행동 패턴을 더 확실하게 예측하기 위해선 방대한 양의 데이터가 필요합니다. 플랫폼은 사용자를 무제한으로 감시하고 추적합니다. 사용자가 무슨 이미지를 얼마나 오래 봤으며 어떤 감정을 느끼는지, 성향과 성격까지 파악합니다.

인간은 쉽게 싫증을 느끼는 존재입니다. 사용자가 싫증을 느끼지 않게 하려고 소셜미디어 플랫폼은 알고리즘을 꼼꼼하게 설계합니다.

소셜미디어 속 사람들은 모두 행복해 보이고, 아무 걱정 없이 사는 것처럼 보입니다. 다들 멋진 몸매와 외모를 자랑하며 하루하루 멋지게 살아갑니다. 이런 모습과 자기 모습을 비교하면서 내 인생은 망가져 있으며, 제대로 된 삶을 사는 게 아닌 것처럼 느껴질 때가 있습니다.

이럴 때 알고리즘은 사용자가 부정적인 감정을 느끼

고 소셜미디어에서 나가는 걸 막기 위해 멋진 몸매를 자랑하는 게시물엔 다이어트 관련 상품을 연결하고, 화려한 자동차 게시물엔 자동차 제조사 구매 페이지를 연결하며, 호캉스를 즐기는 게시물엔 고가의 호텔 패키지 상품을 구매할 수 있도록 합니다. 사용자가 최대한 소셜미디어 공간에 머물도록 만들며 부정적 감정에 따른 분노 소비를 하도록 이끕니다.

소셜미디어 플랫폼은 사용자의 부정적인 감정 변화를 이해하지만 이를 악용합니다. 기업이 이윤을 추구하는 건 자연스러운 일이지만, 건강하지 않은 이윤 추구는 지양되어야 합니다. 한 사람의 인생을 망가뜨릴 수도 있기 때문입니다.

소셜미디어 플랫폼은 인간의 취약성을 너무나 잘 알고 있습니다. 자신들이 원하는 방향으로 사용자의 선택과 행동을 끌어내기 위해 극단적으로 플랫폼과 디자인을 설계합니다.

소셜미디어로 인해 사용자의 감정이 변하는 걸 확인하며, 사용자가 소셜미디어를 거부하는 걸 막기 위해 모든 수단을 다 씁니다. 소셜미디어 플랫폼에는 기술자와 디자이너뿐만 아니라 심리전문가도 있습니다.

그들은 우리가 무엇에 어떻게 반응하는지 알 수 있고, 아무도 모르게 우리의 실제 행동과 감정을 끌어낼 수 있습니다. 또한 인간 심리의 취약한 면을 발견하고 심리적으로 조작하기 때문에 이성과 감정이 취약한 사람들에게 더 많은 해악을 끼칩니다.

알고리즘은 우리가 필요한 것을 대신 찾아주는 고마운 존재가 아니라, 우리들의 눈길을 끌어서 기업의 수익을 올려주기 위해 존재합니다. 알고리즘에 의해 수많은 자극이 끊임없이 전달된다면, 우리의 사고는 언제든지 무너져 내릴 수 있습니다.

소셜미디어의 문제점을
  그대로 방치하는 기업들

우리에게 익숙한 소셜미디어인 인스타그램과 페이스
북은 같은 기업에서 운영하고 있습니다. 바로 '메타META'
입니다.

메타는 내부 연구를 통해서 인스타그램이 10대 소녀
들의 정신건강에 악영향을 끼치고 있음을 반복적으로
확인했습니다. 인스타그램 속의 멋지고 예쁜 여성들을
보며 10대 소녀들은 쉽게 우울해했고, 섭식장애까지 일
으켰습니다. 하지만 13세 미만 사용자를 위한 인스타그
램 출시 때 이러한 내용을 전혀 밝히지 않았습니다.

메타의 직원들은 사용자의 정신건강에 부정적 영향을
끼칠 수 있음을 파악하고 창업주인 마크 저커버그에게
전달했음에도, 그는 이를 받아들이지 않았습니다.

현재 페이스북은 전 세계 79억 명 중 28억 명이 사용하는 거대 플랫폼으로, 미국 이외의 사용자가 90퍼센트에 달합니다.

페이스북에 넘쳐나는 잘못된 정보를 바로잡기 위한 노력은 세계 곳곳에서 고르게 진행되어야 하는데, 대부분 예산이 미국에서만 쓰이고 있습니다.

페이스북은 알고 있습니다. 자신의 플랫폼을 통해서 중동의 인신매매나 중남미 국가의 마약 거래, 소수민족에 대한 선동, 정치적 탄압 등이 일어난다는 것을. 하지만 미국 이외의 국가에서 일어나는 수많은 폭력과 불법 정보를 그대로 방치했습니다.

페이스북과 같은 거대 플랫폼은 이제 정부의 통제를 벗어날 수 있는 수준에 이르렀습니다. 지금의 상황을 그대로 두면 안 된다고 판단하여 미국을 비롯한 많은 나라에서 소셜미디어 플랫폼을 규제하려고 노력하고 있습니다.

그 결과 페이스북은 기업 정체성이라 할 수 있는 사명까지 '메타'로 변경하며, 소셜미디어를 통제하려는 정부의 움직임에 대응한 것입니다.

메타버스의 시대가 활짝 열렸기에, 페이스북도 소셜미

디어 그룹이 아니라 메타버스 그룹이 되겠다며 사명을 바꿨다는 저커버그의 주장을 그대로 믿어서는 안 됩니다. 그건 너무 순진한 생각입니다.

많은 기업이 그러하듯이, 페이스북 또한 처음 설립할 때의 목적은 아름다웠습니다. 이 세상을 더욱 풍요롭게 하고, 인류의 소통을 위해 노력한다고 말했습니다. 그러나 기업의 설립 목적은 언제든지 변질될 수 있습니다.

소셜미디어 기업은 자극적이고 폭력적인 정보와 가짜 뉴스를 기업의 이익을 위해 일부러 방치합니다. 이런 문제점을 인지한 많은 나라에서 시정을 요청해도 소셜미디어 기업들은 쉽게 변하지 않습니다.

부작용이 쌓이고 쌓이면서 이제 소셜미디어는 개인의 인권은 물론이고, 우리 사회를 지탱하는 민주주의까지 위협하는 지경에 이르렀습니다.

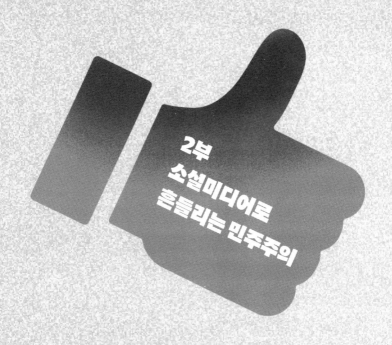

2부
소셜미디어로
흔들리는 민주주의

우리가 사는
민주주의 사회

민주주의의 기본은 인권

인권은 민주주의의 기본입니다. 하지만 소셜미디어는 언제든지 우리의 인권은 짓밟을 수 있습니다. 본격적인 내용으로 들어가기 전에 인권과 민주주의에 관해서 간략히 알아보겠습니다.

인간이 인간답게 살 수 있는 권리를 인권이라고 합니다. 인권은 인간의 타고난 권리로, 모든 개인이 동등하게 가지고 있으며 타인에게 양도할 수 없는 권리라고 할 수 있습니다.

인류가 인권을 갖게 된 건 오래되지 않았습니다. 역사적으로 치열한 투쟁을 통해서 조금씩 권리를 찾으면서, 지금과 같은 인권이 만들어졌습니다. 인권은 1215년 영국의 대헌장과 1689년 권리장전, 1776년 미국의 독립선언, 1789년 프랑스의 인권선언 등을 통해 정의와 보장이 확대되고 강화되었습니다. 그리고 1948년 '세계인권선언'을 출발점으로 국제법상으로도 보편적인 권리로서 보장되었으며, 인권이라는 용어도 널리 이용되고 있습니다.

그렇다면 우리나라에서 인권은 어떻게 시작되었을까요? 20세기 들어서 일제강점기를 거친 대한민국은 1950년 6.25 한국전쟁을 거치며 국토가 황폐해졌습니다. 이 과정에서 민주주의는 뿌리내리지 못했고, 인권 역시 1961년부터 시작된 박정희의 군사독재로 인해 제대로 자리 잡지 못했습니다.

군사독재정권은 표면적으로는 인권을 존중하는 것처럼 보였지만, '경제개발'과 '국가안보'라는 명분으로 인권을 철저히 탄압했습니다. 국민에게 '잘 먹고 잘 살자'라는 경제개발을 명분으로 내세워 독재를 정당화했습니다. 그 시절 인권과 민주주의는 경제개발보다 중요하지 않았습니다.

1979년, 박정희의 독재정권이 무너지며 대한민국에 민주주의와 인권이 뿌리내릴 절호의 시기를 맞이했습니다만, 전두환의 독재정권으로 인해 더 늦어졌습니다.

1980년, 광주 민주화 운동이 일어났지만, 전두환의 독재정권은 광주에서 민주화 운동이 일어난 사실을 감추며, 무력을 사용하여 시민들을 진압했습니다.

1987년 6월, 다시 뜨겁게 달아오른 민주화의 열망이 전두환의 독재정권을 무너뜨리면서, 대한민국의 민주주의와 인권이 서서히 싹을 틔울 수 있게 되었습니다.

현재 우리나라의 인권은 과거 군사독재 시기와 비교해서 한 걸음 더 나아가 사회에 존재하는 각종 차별을 금지하는 방향으로 진행되고 있습니다.

예를 들어 성별, 장애, 병력, 나이, 성적 지향성, 출신지, 국적, 민족, 인종, 피부색 언어 등을 이유로 고용, 교육기관의 교육 및 직업훈련 등에서 합리적인 이유 없이 차별받지 않도록 이를 명문화한 '차별금지법'이 있습니다. 차별금지법은 다양한 견해 차이로 인해 아직 입법화는 되지 않았지만, 대한민국의 인권이 점차 발전하고 있다는 사실을 보여줍니다.

인권은 국가나 국회가 지정하는 게 아닙니다. 인간이 태어나면서부터 선천적으로 주어지며, 그 누구도 앗아갈 수 없기에 '천부인권天賦人權'이라고 부르기도 합니다. 인권이란 법률이나 질서보다 앞선 보편적이고 강력한 권리입니다.

제2차 세계대전 이전까지 인권은 영어로 'Right of Man'이라고 불렸습니다. 뭔가 이상하지 않나요? 왜 'Man'을 붙였을까요? 과거 여성의 인권은 남성과 동등하지 않았기 때문입니다. 제2차 세계대전 이후 여성운동과 여성의 참정권이 보장되고, 여성의 인권이 전반적으로 상승하면서 이 단어에도 변화가 생겼습니다. 이제 인권은 영어로 'Human Right'라고 불립니다.

인권이란 고정불변의 개념이 아닙니다. 시대가 변화하고 사회풍토가 달라짐에 따라 인권의 정의와 개념은 변할 수 있습니다. 하지만 다른 모든 가치보다 중요하다는 사실은 변할 수 없습니다.

인권은 사람에게만 적용되지 않습니다. 이 세상에 태어나는 모든 생물에겐 건강하고 안전하게 살 수 있는 권리가 있습니다. 인권이 중요하듯이 '동물권'이나 '식물권'도 중요합니다. 인간이 가장 우월하다고 생각하는 태도를 버려야 합니다.

민주주의란 무엇일까?

    민주주의 국가인 대한민국에서 민주주의는 흔히 접할 수 있는 단어이지만, 그 개념을 명확하게 정의하기 어려운 게 사실입니다. 민주주의란 도대체 무엇일까요?

    민주주의란 국민이 국가의 주인이라는 기본 전제를 제1원칙으로 하는 사회체제를 의미합니다.

    사람이 어울려 살아가는 곳에서는 반드시 갈등이 발생합니다. 개인과 개인 간 갈등이 커지면서 사회문제가 됩니다. 국가는 다양한 사회문제를 안고 있습니다. 이를 해결하기 위해 모든 사람이 하나의 방법만 선택하면 좋겠지만, 그럴 수 없는 게 민주주의입니다. 그래서 민주주의 사회는 늘 시끄럽습니다. 누구나 자유롭게 의견을 표현할 수 있기 때문입니다.

민주주의 사회는 선거를 통해 국가 운영에 관한 권한을 위임한 대표자를 선출합니다.

왜냐하면 사회문제를 해결하기 위해 만장일치를 기대하기 힘들고, 모든 국민이 매번 국가 운영을 위한 정치 결정에 참여하기 어렵기 때문입니다.

선거는 국민을 대신하여 국정을 수행할 공적 대표자를 선출하는 기능을 갖습니다. 여기에 더해 국민이 동의한 의사결정 규칙에 따라 선출된, 대통령과 같은 최고지도자에게 민주적 정당성을 부여합니다.

또한 선거는 국민의 다양한 요구를 합치고 그 결과에 따라서 사회적 통합을 기대하게 만들기도 합니다. 그리고 만약 선출한 대표자가 제대로 일하지 못했을 때는 다음 선거에서 표로 심판할 수 있는 정치적 통제의 기능도 있습니다.

선거에 출마한 후보자는 법의 테두리 안에서 선거운동을 할 수 있고, 유권자는 공직선거에서 대표자를 선출하기 위해 투표권을 행사한다는 점에서, 선거는 모든 국민이 참여할 수 있는 권리입니다.

현재 대한민국을 이끄는 최고지도자는 대통령입니다.

대통령은 엄밀히 따지면 행정부의 수장이지만 국군통수권과 외교권, 공무원 인사권, 예산편성권 등 막대한 권한을 가집니다.

민주주의는 행정부 수장이 지나치게 많은 걸 가지면서 국가를 망가뜨리는 걸 방지하기 위해 임기를 제한하고, 상호견제를 통해서 행정부만 비대하게 커지는 걸 막습니다. 민주주의 국가는 보통 입법부, 행정부, 사법부가 서로 견제하는 삼권분립의 형태로 운영됩니다.

민주주의가 제대로 작동하기 위해서는 공정하고 엄격한 선거제도가 유지되어야 하고, 유권자는 민주주의 정신을 잘 지키며 사회를 발전시킬 인물을 뽑아야 합니다. 국민 모두 자신의 선택으로 인해 공동체에 큰 영향을 미칠 수 있다는 사실을 인지할 필요가 있습니다.

인간은 권력욕과 더불어 타인을 지배하고 싶은 욕구가 있습니다. 선거를 통해 대표자를 선출하는 건 그저 일부 권한을 위임한 것일 뿐인데, 이를 망각하고 민주주의를 망가뜨리려는 사람이 존재합니다.

민주주의 국가에서 살아가는 모든 국민은 내가 주인

이라는 시민의식을 가져야 합니다. 권력이 비대해지지 않도록 시민으로서 권력을 감시하고, 사회의 다양한 활동에 참여해 모든 시민의 기본권이 지켜지도록 해야 합니다. 선거에 참여에 소중한 한 표를 행사하는 것만으로 그쳐서는 안 됩니다.

민주주의는 평범한 시민과 그들이 뽑은 대표가 서로를 아끼고 보살피며, 공동체를 가꾸고 발전시키고자 하는 노력으로 이루어진다는 사실을 잊으면 안 됩니다.

시민의 참여와 견제가 핵심

민주주의는 고대 그리스에서 태동했으며, 그때부터 시민의 참여는 민주주의의 중요한 요소 중 하나였습니다. 시민의 참여에 관해서는 아테네의 지도자였던 페리클레스 장군의 펠로폰네소스 전쟁 추모 연설에서도 확인할 수 있습니다.

"우리의 정치는 이웃하는 국가들의 법을 복제한 것이 아닙니다. 오히려 그들이 우리의 모방자가 되고 있습니다. 소수가 아닌 다수에 의해 통치되고 있기에 이를 민주주의라고 부릅니다. 법을 보면 개개인의 차이를 두지 않아 모두에게 공평무사하다고 할 수 있습니다. 사회적 기반을 보면 능력에 따라 존중받아 공공 생활이 향상되었다고 할 수 있습니다. 평판에 따라 이끌리는 계급에 대한 고려가 없이, 또한 빈곤으로 인한 제한도 없이, 국가에 봉사할 수 있는 사람이라면 조건을 달아 애매하게 방해하는 일은 없습니다."

페리클레스 장군은 정치에 무관심한 시민은 무의미한 인간으로 간주했습니다. 시민은 모두가 공인이고, 의무와 책임이 있으며 공동체 발전을 위해 해야 할 일이 있음을 강조했습니다.

민주주의와 인권은 투철한 시민의식 속에서 적극적으로 참여해야만 발전할 수 있습니다. 국민에게 더 많은 자유를 보장할수록 민주주의와 국가는 풍요로워집니다. 국민이 인권을 수호하고 자기에게 주어진 민주주의적 역할을 더 많이 하는 게 중요합니다. 국가가 국민을 위해 존재해야지, 국민이 국가를 위해 존재해서는 안 됩니다.

민주주의는 가능한 많은 사람이 적극적으로 자신의 권리를 찾고 동시에 책임감을 느껴야만 힘이 세집니다. 민주주의 국가에서 시민의 첫 번째 의무는 '참여'입니다.

민주주의 사회는 누구나 참여할 수 있습니다.

내 목소리를 내고, 타인의 아픔에 공감하며 함께 목청을 올릴 수 있습니다. 우리에게 부여된 인권을 마음껏 활용해 민주주의를 발전시켜야 합니다. 민주주의는 참여를 통해 많은 사람이 함께할 때 앞으로 나아갈 수 있습니다.

다른 사람의 권리를 지키려고 노력하는 사람만이 자신의 권리를 내세울 수 있습니다. 인권보호는 다른 사람의 존엄성이 위기에 처했을 때, 용기를 보여주는 것에서 시작됩니다. 자칫 잘못하면 나도 피해자가 될 수 있는 위험 속에서도 함께 연대할 용기가 있어야만 합니다.

그러기 위해서 저 먼 나라에서 행해지는 인권침해까지 갈 필요는 없습니다. 우리 집 바깥에서도 인권은 유린당하고 훼손되고 있습니다. 진정한 인간의 존엄성은 사소한 부당함에 저항하는 것에서 시작됩니다.

민주주의는 시민이 직접 정치를 하거나 통치하는 체제를 말하지 않습니다. 정부를 운영하고 정책을 결정하며 국가 예산을 다루는 것은 선거를 통해 합법적인 권력을 위임받은 소수의 인물이 합니다. 시민은 이들을 직접 선출하기에 민주주의의 주인이라고 생각하기 쉽지만, 현실은 그렇지 않습니다. 민주주의는 정치인과 그들의 조직인 정당이 통치하는 체제를 말하는 게 현실입니다.

그럼에도 시민의 참여와 견제는 중요합니다. 시민은

끊임없이 의심하고 잘못된 것에 분노하며, 적극적으로 참여함으로써 정치를 발전시키고 퇴행을 막을 수 있습니다.

참여를 통해 의견을 관철하는 게 민주주의입니다. 그러나 모든 문제를 이기고 지는 것에만 맞춘다면, 이는 민주주의가 아닙니다. 민주주의의 의미를 참여에만 두면 민주주의는 오히려 망가집니다.

정치인 또한 시민과의 소통뿐만 아니라, 시민의 대표로서 그 역할에 충실해야 합니다. 다른 의견을 가진 대표와 함께 치열하게 토론하며 공동체의 문제를 풀어나가야 합니다. 그런데 일부 정치인들은 이 역할을 하기보다 자신을 지지하는 사람들을 대거 동원해 여론을 만드는 일에만 집중하고 있습니다.

여기에 호응한 시민들은 이것이 민주주의인 양 착각합니다. 시끄러운 게 민주주의라는 이유로, 나와 다른 의견을 주장하는 사람들과 싸우고 타인에게 무례하게 굽니다. 이들은 '다름'이 존중받는 민주주의를 부정하고, 스스로 '틀림'이 통용되는 사회를 만듭니다.

민주주의는 종합적으로 접근해야 합니다.

단지 '소통'에만 초점을 두고 살아간다면 오히려 사회를 분열시키고, 민주주의를 위험에 빠뜨리게 됩니다. 모두 화가 나 있고 불만으로 가득한 세상을, 소통이 기반이 된 아름다운 민주주의 사회라고 할 수 있을까요?

타인을 굴복시키고 군림하고 싶은 건 많은 인간이 가지는 본능입니다. 정치가 아니라 권력이 지배하는 곳에서 민주주의는 언제든지 왜곡될 수 있습니다. 잘못된 정치와 참여는 민주주의를 망가뜨리는 지름길이 됩니다. 오히려 이런 경향은 민주주의 사회에서 더욱 심해집니다.

정치인은 정치인이 있어야 할 곳에서 열심히 일하고, 시민은 건강한 참여를 통해서 다름의 가치를 인정해야만 민주주의 사회는 유지될 수 있습니다.

민주주의 사회에서 소셜미디어의 역할

　스마트폰이 보급되고 소셜미디어를 통해 사람들과 의견을 주고받을 수 있게 되면서 민주주의도 변화했습니다. 이제 사람들은 신문과 TV에서 말하는 내용을 무조건 믿지 않습니다. 유튜브를 더 신뢰하며, 온라인 커뮤니티의 여론을 더 중요하게 생각합니다.

　그리고 어떤 기사나 주장에서 조금이라도 의심이 생기면 직접 검색을 통해 진실 여부를 확인합니다. 스마트폰을 통해 언제든지 인터넷에 접속할 수 있는 시대이다 보니, 팩트체크는 어려운 일이 아닙니다.

　예전과 달리 지금은 언론이 모든 여론을 좌지우지할 수 없습니다. 스마트폰과 소셜미디어는 언론의 힘에 균열을 가했고, 더 이상 사람들은 언론의 말만 믿지 않습니다.

소셜미디어는 빠르고 편리합니다.

공간의 한계를 뛰어넘어 수많은 사람을 한곳에 모아 의견을 들을 수 있습니다. 소셜미디어는 메시지 전달의 신속성과 신뢰성을 특징으로 하여 민주주의를 발전시킬 수 있는 장점이 있습니다.

소셜미디어는 한 사람의 의견도 쉽게 공론화할 수 있습니다. 소셜미디어에서 화제가 된 사회문제는 언론으로 확장되어 빠른 변화를 끌어낼 수 있습니다. 소셜미디어는 사회 제도의 변화를 기대할 수 있는 도구이자, 여론에 민감한 정치권을 움직이게 만드는 힘이 있습니다.

소셜미디어에서 소통되는 정보는 대중의 관심사와 다양한 관점을 공유하는 정보일 가능성이 큽니다. 그리고 소셜미디어를 통해 형성된 네트워크는 시민의 정치와 사회 참여를 증대시킵니다.

이러한 소셜미디어의 특징은 디지털 민주주의라는 새로운 변화를 만들어냈습니다. 많은 사람이 이제 소셜미디어를 통해 정치와 사회문제에 적극적으로 목소리를 내고 있으며, 그동안 정치에 무관심했던 사람들까지 관심을 두게 되었습니다.

실제로 소셜미디어나 온라인 공간에서 민주주의를 실천하는 국가는 많습니다. 우리나라는 물론 세계 각국은 시민의 불만을 해소하기 위해, 온라인 공간에서 단순히 의견만 듣는 게 아니라 시민들이 직접 입법 활동에 참여하고 토론하는 공론화 과정을 거칩니다. 이러한 행위는 과거에는 일부 전문가들만 할 수 있었습니다.

앞으로 디지털 민주주의는 더 많은 나라에서 도입되고 확대될 가능성이 큽니다. 하지만 이러한 행위가 민주주의 발전에 도움이 될지는 좀 더 지켜봐야 합니다.

현재 많은 정치인이 소셜미디어 계정을 운영합니다.

이 계정을 통해서 자신의 의정활동을 홍보하고, 정치자금을 모집하며 주요 국정 현안에 대해 발언합니다. 과거 정치인의 소셜미디어는 그저 홍보 역할에 기능이 한정되었지만, 이제는 소셜미디어를 통해 국민 개개인이 정치인에게 직접 의견이나 정보를 전달하는 '정치적 수단'이 되었습니다.

정치인과 국민이 자유롭게 소통하고, 다양한 의견과 정보를 정치에 반영할 수 있다는 점에서, 소셜미디어는 민주주의에 도움이 될 수 있습니다.

하지만 단점도 만만치 않습니다. 소셜미디어엔 진실만 있는 게 아니기 때문입니다. 왜곡된 정보는 물론이고 확인되지 않은 사실과 가짜뉴스가 범람합니다.

국민과 정치인 모두 신중하게 이 정보를 다루면 큰 문제가 되지 않으나, 속도가 생명인 이슈 선점을 위해 모두 경솔하게 정보를 공개하면서 심각한 사회문제를 발생시키기도 합니다.

그리고 정치인의 소셜미디어엔 선량한 지지자만 있는 게 아닙니다. 특정 행위에 반감을 품은 사람들이 대거 소셜미디어로 달려가 강한 비판 글을 남기고, 심하면 욕설이나 비속어를 배설하기도 합니다.

소셜미디어는 쌍방향 소통 도구입니다.

하지만 다른 사람을 손쉽게 차단할 수도 있습니다. 소셜미디어에서는 나와 다른 정치 성향을 지녔고, 내 생각과 다른 게시물을 올리는 사람을 무조건 차단하고 배제하는 경우도 많습니다.

사용자가 보고 싶은 내용만 보여주는 소셜미디어가 과연 민주주의 발전에 도움이 될 수 있을까요? 소셜미디어로 반대 진영의 의견도 폭넓게 수렴하려면 사용자의 성숙한 민주주의 의식이 필수입니다.

소셜미디어를 잘 활용하면 민주주의 사회를 발전시키는 약이 되겠지만, 잘못 활용하면 언제든지 민주주의 사회를 분열시키는 독이 될 수도 있습니다.

지금까지 민주주의를 구성하는 인권과 시민의 참여, 소셜미디어가 하는 역할에 대해서 알아봤습니다. 이러한 요소들이 잘 작동하면 좋겠지만, 우리 사회에는 많은 문제가 존재하고 있습니다.

이제부터 우리의 인권을 침해하고, 세상의 분열을 부추기고, 시민의 정당한 참여를 방해하는 구체적인 사례에 대해서도 한번 살펴보겠습니다.

민주주의가
지켜지지 않으면

학교에서 벌어지는 인권침해

2022년에 방송된 드라마 〈우리들의 블루스〉엔 임신한 여자 고등학생이 나옵니다. 자신이 사는 제주도가 너무 지긋지긋해서 악착같이 공부하여 반드시 인서울In Seoul 을 하고 싶은 그녀에게 임신은 일종의 거대한 장벽이었 습니다.

그녀는 임신 사실을 알고 낙태하고자 했습니다. 그러나 수술하기엔 배 속의 아이가 너무 컸고, 생명을 죽인다는 죄책감이 점점 커지자 아이를 낳기로 결심했습니다. 그녀가 이 사실을 아버지에게 말했을 땐 그야말로 집안이 쑥대밭이 되었습니다.

만약 학생 신분으로 임신을 하게 되면 어떻게 될까요? 학생 임산부라고 하더라도 인권은 존중받아야 합니다.

이 내용은 서울 학생인권조례에서도 확인할 수 있습니다.

서울 학생인권조례 제5조(차별금지)

임신·출신·성적 지향 등을 이유로 차별받지 않는다.

처음 이 조례가 세상에 알려졌을 땐 상당한 저항이 있었습니다. 이 조례가 청소년의 일탈과 동성애를 부추긴다는 이유였습니다. 미혼모를 대량 양산한다는 말도 안되는 주장도 있었습니다.

학생 신분으로 임신했다는 이유로 학교 내에서 차별받아야 할까요? 그렇지 않습니다. 학생이라는 신분이 중요한 게 아니라, 임신한 '사람'으로서 존중받아야 합니다. 학생 신분으로 임신을 하는 건 바람직하지 않지만, 임신했다는 이유만으로 불이익을 받아서는 안 됩니다.

과거에 비해 개선되었지만, 교육 현장에서는 여전히 많은 인권침해 사례가 보고되고 있습니다.

교육 현장에서 일어나는 다양한 인권침해 사례

1. 학생이 교복이 아닌 체육복을 입고 등교 혹은 하교했다고 벌점

2. 학생이 염색이나 파마를 했다고 벌점

3. 학생이 이성 교제를 했다고 벌점

4. 학교가 지정한 색깔의 속옷을 입지 않았다고 벌점

5. 학교가 규정한 두발 기준을 어기고 머리카락을 길게 길렀다고 벌점

6. 학생의 휴대폰을 합리적 이유 없이 강제로 수거함

7. 영하의 추운 날씨에도 불구하고 바지가 아닌 교복 치마만을 입게 함

8. 생리 등으로 인해 지각이나 조퇴, 결석이 일어나면 진료확인서를 요구함

9. 교사가 학생에게 욕설이나 폭언을 함

10. 교사가 학생의 손을 잡거나 다리를 쓰다듬는 등의 성희롱과 성추행을 함

11. 교사가 학생을 체벌함

이런 사례들은 인간의 기본권과 자율권을 침해할 수 있는 행위입니다. 물론 대부분 학교에서는 학생들의 인권과 자율을 중시하고 있습니다. 그러나 수십 년 동안 이어져 오던 악습을 단기간에 없애는 건 어려운 일이기에, 여전히 학교 현장에서는 다양한 인권침해 사례가 일어

나고 있습니다.

인권침해는 학생에게만 일어나는 게 아닙니다. 때로는 학생이 교사의 자율권과 인권을 심각하게 훼손하는 일도 발생합니다.

저는 학생과 교사, 학교가 모두 행복한 그 날을 꿈꿉니다. 사람이 사는 세상은 늘 갈등이 일어날 수 있기에 모든 인권침해 사례를 없앨 수는 없겠지만, 지금보다는 나아지기를 진심으로 바랍니다.

아직도 부족한 청소년 선거권

여러분 중에는 2022년에 처음으로 대통령 선거에 참여한 사람도 있을 겁니다. 사실 청소년도 투표를 할 수 있게 해 달라는 요구는 아주 오래전부터 있었지만, 많은 국회의원이 청소년은 성인이 아니기에 뭘 잘 모른다는 시대착오적인 생각을 하고 있었기에 선거법 개정을 미뤄왔습니다.

하지만 이제 청소년의 참정권 시대가 열렸습니다. 2020년부터 만 18세 청소년의 선거권이 보장되었습니다. 그리고 2022년에는 지방선거와 총선 출마를 위한 피선거권 나이가 만 25세에서 만 18세로 낮아졌고, 정당에 가입할 수 있는 나이도 만 16세로 크게 낮아졌습니다. 그러나 아직도 부족한 부분이 많이 있습니다.

첫 번째로, 만 18세 이하 청소년은 교육정책이나 학교 운영에 있어서 직접적인 영향을 받는 당사자임에도 불구하고, 교육감을 자기 손으로 뽑을 수 없습니다. 시민단체들은 교육감 선거에 투표할 수 있는 나이를 만 16세로 낮춰야 한다고 말합니다. 청소년도 엄연한 민주주의 사회 구성원이기 때문에 지극히 당연한 주장입니다. 그러기 위해서는 지금 법적으로 보장된 참정권이 더 확대되어야 합니다. 단지 나이가 어리다는 이유로 투표권을 행사할 수 없는 것은 기본권을 침해하는 행위입니다.

두 번째로, 청소년도 정당에 가입할 수 있지만, 법정대리인인 부모의 동의서를 제출해야만 입당이 가능한 점입니다. 부모님과 정치적 성향이 비슷해도 문제가 생길 수 있는데, 부모님과 정치적 성향이 완전히 다르다면 과연 청소년은 자의적으로 특정 정당에 가입할 수 있을까요? 부모님의 영향을 받을 수밖에 없는 지금의 정당법은 생각해 보아야 할 문제입니다. 모든 청소년이 자기 문제에 관여하고, 의견을 표출하는 게 진정한 민주주의입니다. 이를 막거나 제약하는 건 민주주의 구성원을 향한 폭력이 될 수 있습니다.

마지막으로, 20대 대선에서 고작 한두 살 차이가 나는 스무살 청년 유권자를 사로잡기 위한 공약은 있었지만, 청소년을 위한 공약은 없었습니다. 20대 대선에서 선거권이 있었던 고3 학생 유권자 수는 약 11만 명이었습니다. 하지만 대선 후보들은 이들을 제대로 대우하지 않았습니다. 지금보다 더 많은 청소년 유권자가 선거에 참여한다면, 결코 청소년을 무시할 수 없을 것입니다.

청소년의 폭넓은 정치 참여는 우리 사회의 본질적인 문제들을 더 빨리 해결하는 계기가 될 수도 있습니다.

현재 누구나 기후위기를 심각하게 생각하고 있지만, 기후위기를 막기 위해 적극적으로 목소리를 내는 사람은 어른이 아니라 청소년이 많습니다. 청소년은 어른보다 더 많은 삶을 살아야 하기에 환경문제에 민감할 수밖에 없습니다.

청소년에게 투표권이 있다면 기성세대는 지금보다 더 많이 청소년의 말에 귀를 기울일 것입니다. 청소년이 정치에 적극적으로 참여할수록 우리 사회는 더 나은 방향으로 움직일 수 있습니다.

취업 과정에서 일어나는 불이익

청소년분들은 대부분 대학교에 진학해 더 심도 있는 공부를 하게 될 것입니다. 하지만 취업난이 계속되고 있는 현실 속에서 '캠퍼스 낭만'은 기대하기 어렵기에 새내기부터 자격증 취득과 토익 점수 등으로 취업을 위한 '스펙 쌓기'를 해야 할 수도 있습니다.

다들 '블라인드 채용'이란 단어를 들어봤을 겁니다. 블라인드 채용은 출신학교·가족관계·성별 등 차별을 일으킬 수 있는 요소를 배제하고, 직무능력을 중심으로 채용하는 제도입니다.

이 제도는 기존의 취업과 채용 과정에 대한 사회적 불신이 팽배했고, 차별적 채용에 따른 개인의 피해와 기업의 경쟁력 저하까지 더해지면서 공정한 채용제도를 구축하기 위해 도입됐습니다.

그러나 여전히 채용 과정에서의 인권침해는 일어나고 있습니다. 간호사는 꼭 여성이어야 할까요? 군인이나 경찰은 꼭 남성이어야 할까요? 전혀 그렇지 않습니다. 그럼에도 불구하고 채용 과정에서 특정 성별이 아니라는 이유로 차별이 일어납니다.

나이에 따른 차별도 있습니다. 신규 직원을 뽑을 때 나이 상한을 둔다거나, 대놓고 젊은 직원만 채용하는 사례는 모두 평등권을 침해하는 차별 행위라 할 수 있습니다. 아파트 경비원을 뽑는데 나이를 만 65세 이하로 제한하는 것도 취업 불이익 사례입니다.

출신학교를 가지고 불이익을 주는 경우도 여전히 많습니다. 채용 과정에서 출신학교나 학과를 가리는 경우는 거의 없습니다. 기업의 처지에서도 상당히 불만을 가질 수 있는 대목이기에, 출신학교나 학과를 채용 과정에서 완전히 가리기는 쉽지 않습니다.

그리고 종교에 따른 차별도 있습니다. 많은 대학교가 특정 종교에서 설립했습니다. 연세대는 개신교, 서강대는 천주교, 동국대는 불교에서 설립한 대학교입니다. 종교를 기반으로 설립된 교육기관에서, 해당 종교를 믿는 사람만 교직원으로 채용하는 것을 자연스러운 모습으로 봐야 할까요? 국가인권위원회는 이를 '종교 차별'로 규정하고 있습니다.

자신이 개신교인이 아니라는 이유로, 자신이 천주교인이 아니라는 이유로, 자신이 불자가 아니라는 이유로, 적합한 능력을 갖췄음에도 교수로 채용하지 않는 건 인권 침해 사례가 될 수 있습니다.

너무 쉽게 일어나는 인권침해 사례에 머리가 어질어질한가요? 너무 걱정하지 않으셔도 됩니다. 이런 사례는 점차 나아지고 있기 때문입니다. 이 세상은 빠르게 변화하지 않습니다. 천천히 그리고 느리게 변화합니다. 계속 이야기를 이어가겠습니다.

이동할 권리가 없는 장애인

여러분 중에는 집에서 걸어갈 수 있는 가까운 거리의 학교나 직장에 다니는 분도 있으리라 생각됩니다. 그러나 거리가 멀어서 대중교통을 이용하는 사람도 분명히 존재할 것입니다. 그렇다면 지금부터 하는 이야기가 크게 와닿을 수 있습니다.

최근 서울의 일부 지하철 노선의 운행이 지연되는 일이 자주 발생하고 있습니다. 왜냐하면 전국장애인차별철폐연대(전장연)에서 '이동권 보장'을 요구하며 출근길에 지하철역에서 시위를 벌이고 있기 때문입니다.

전장연의 시위는 분명 일반인의 불편을 초래합니다. 힘겹고 지치는 아침 출근길, 붐비는 지하철에 몸을 구겨

넣은 상태가 길어지고 출근 시간도 지킬 수 없으니 여러 불평불만이 나올 수밖에 없습니다. 시위하는 장애인이라고 이런 사실을 모를 리 없습니다. 그렇기에 그들이 거리로 나오게 된, 나와야 했던 이유를 살펴볼 필요가 있습니다.

전장연이 시민들의 불편을 알면서도 출근길 시위를 하는 건 앞서 말했듯이 이동권 보장 때문입니다. 현재 이들은 정부에 '1역사 1동선' '저상버스 도입 의무화' 등 장애인의 이동권이 제대로 지켜질 수 있도록 제도를 만들어달라고 목소리를 내고 있습니다.

'1역사 1동선'은 장애인이나 고령자 등의 교통 약자가 지하철역 출구에서 승강장까지 혼자서 엘리베이터로 이동할 수 있는 동선을 뜻합니다.

장애인에게 이동권이란 곧 생존권입니다.

자유로운 이동은 인간이 인간답게 생활하기 위해 기본이 되는 활동입니다. 모든 사회·경제 활동의 전제가 되는 중요한 행위라 할 수 있습니다. 하지만 자유롭고 안전한 이동은 개인의 노력만으로는 한계가 있기에 국가나 사회의 적극적인 노력이 필요합니다.

장애인의 이동권 투쟁은 오랜 역사가 있습니다. 2001

년, 경기도 시흥시의 오이도역에서 장애인이 휠체어 리프트를 이용하다가 추락해 사망한 후 장애인·이동권 투쟁은 22년 동안 지속되고 있습니다. 하지만 여전히 큰 변화는 일어나지 않았습니다.

평범한 지하철역이 이들에게 삶과 죽음이 갈리는 곳입니다. 2001년 오이도역 사고 이후에도 2002년 발산역, 2008년 화서역, 2017년 신길역 등 곳곳에서 장애인의 사망·부상 사고가 이어졌습니다. 과연 장애인들의 이동권 보장이 과한 요구일까요?

인간은 자기중심적으로 생각합니다.

전장연의 시위가 생활에 불편을 초래하기에 짜증이 나고 화가 날 수 있습니다. 그러나 장애인의 생존권을 보장하고 인권을 지켜주는 게 국가의 역할입니다.

그 누구라도 불의의 사고로 장애인이 될 수 있습니다. 인권과 복지는 보편적 가치입니다. 장애인이 사람답게, 불편함 없이 살 수 있는 세상은 비장애인도 살기 좋은 세상이 됩니다. 더 나아가 동물권까지 잘 보장된 곳은 천국이라 부를 수 있을 것입니다.

민주주의 사회라면 다수의 불편을 초래하더라도 집회

와 시위의 자유를 막아서는 안 됩니다. 언론 역시 이들의 행위를 지나치게 악으로 묘사해서는 안 됩니다. 이러한 시민의 참여야말로 사회 변화의 씨앗이 되기 때문입니다.

단순히 나의 불편만 생각하기보다는 왜 장애인이 불편을 초래하면서까지 시위하는지 알아봐야 하지 않을까요? 다른 사람의 아픔에 공감하고, 사고의 원인을 파악해서 재발을 막는 건 민주주의를 유지하고 발전하는 데 꼭 필요한 일입니다.

CCTV를 통한 무분별한 개인정보 수집

여러분이 생각하는 최고의 고전은 무엇인가요?

제가 생각하는 최고의 고전은 조지 오웰의 『1984』입니다. 소설에 등장하는 '빅 브라더'는 전지전능한 존재이며 인간이 사랑할 수 있는 유일한 대상입니다.

소설 속 가상의 국가 '오세아니아'는 시민의 육체적 자유는 물론이고, 사고나 감정까지 지배합니다. 누가 어디를 가고, 무슨 생각을 하는지 빅 브라더는 '텔레스크린'을 통해서 시민을 24시간 감시할 수 있습니다.

시내 곳곳에는 대중을 협박하는 포스터로 가득하고, 수많은 텔레스크린 이외에도 거리마다 시민의 사상을 검증하는 사상경찰이 돌아다닙니다.

감시와 공포의 사회가 오세아니아입니다. 빅 브라더는

모든 것을 지배하고 있음에도 위기의식을 느끼며, 대중을 감시하는 것뿐만 아니라, 대중의 생각이나 사상까지 세뇌하려고 합니다.

『1984』는 1949년 6월에 출판됐습니다. 74년이 지났지만, 작품 속과 현실의 모습이 너무도 똑같습니다. 텔레스크린은 CCTV이고, 테러 방지와 치안 유지를 목적으로 경찰력은 강해지고 있으며, 사람들을 통제하고 싶은 빅브라더가 넘쳐납니다.

우리는 현재 집 밖에서 수많은 CCTV를 마주합니다. 요즘엔 반려동물이나 아이를 위해 집 안에도 CCTV를 설치하는 경우가 많고, 차량에 설치된 블랙박스로 인해 우리의 모습이 카메라에 노출되는 것을 피할 수 없습니다.

경찰과 같은 수사기관에서는 특정 범죄가 발생하면 가장 먼저 CCTV와 차량의 블랙박스 영상부터 확보합니다. 실제로 이러한 영상을 통해 사건을 해결하는 경우가 상당히 많습니다.

그러나 CCTV가 마냥 좋은 기능만 한다고 봐서는 안 됩니다. 중국은 세계에서 가장 CCTV가 많은 국가입니다. 그야말로 압도적입니다. 중국에 설치된 수억 개의

CCTV는 범죄 예방과 범인 색출에 사용되는 게 아니라, 일반 시민을 감시하는 수단으로 사용되고 있습니다. 중국의 사례처럼 잘못하면 CCTV로 인해 심각한 사생활 침해를 겪을 수도 있습니다.

CCTV는 소셜미디어처럼 잘 쓰면 우리에게 큰 도움이 되고, 그렇지 않으면 우리의 일상을 위협하고 민주주의를 망가뜨리는 도구가 될 수 있습니다.

CCTV는 범인만을 비추지 않습니다. 우리가 어디에서 뭘 하는지, 무엇을 먹는지, 누군가와 함께 있는지까지 다 비추고 있습니다. CCTV의 순기능과 역기능에 대해서도 종합적으로 고려해볼 필요가 있습니다.

소셜미디어로
분열되는 민주주의

인터넷과 소셜미디어를 차단하는 국가들

많은 사람이 소셜미디어를 활발하게 사용하고 있습니다. 소셜미디어에 내 일상과 친구들과의 추억을 공유하고, 뉴스나 재밌는 영상을 올리다 보면 불쾌한 게시물에 노출되는 순간도 있습니다.

인스타그램이나 페이스북, 트위터 등 대표적인 소셜미디어 플랫폼에서는 불쾌한 게시물과 계정을 신고할 수 있도록 해두었습니다. 이들은 자체적으로 지침을 마련해두었고, 정기적으로 자신들이 이러한 노력을 하고 있다면서 보고서를 내놓기도 합니다.

소셜미디어 공간을 넘어 우리 사회를 부정적으로 물들이는 사용자의 접속을 차단하는 건 꼭 필요한 일이지만, 정치적 이유로 소셜미디어 접속을 차단하는 행위는 위험한 결과로 이어질 수 있습니다.

　전 세계 많은 국가에서는 정부와 권력자를 향한 비판이나 집회 등을 논의하는 걸 막기 위해 자국민의 인터넷이나 소셜미디어 접속을 차단하는 경우가 비일비재하게 일어납니다.

　일반적으로 국민이 인터넷을 사용하지 못하도록 막는 것은 비민주적 국가에서 전형적으로 나타나는 현상입니다. 인터넷을 차단하여 진실을 알리지 못하면, 정부에 대한 저항 세력이 결집하기 어렵기 때문입니다.

　실제로 최악의 경제난을 겪고 있는 스리랑카는 반정부 시위에 맞서서 비상사태와 통행금지령을 발동하였고, 이후 소셜미디어까지 차단해 버렸습니다. 스리랑카의 통신규제위원회에 따르면 "스리랑카 국방부의 요청에 따라 일시적으로 소셜미디어 접근 제한 조치가 이뤄졌다"라고 밝혔습니다. 반정부 시위를 막기 위한 소셜미디어 차단은 정당하고 올바른 것일까요?

　스리랑카뿐만 아니라 미얀마에서도 군사 쿠데타 세력이 많은 사람을 억압하고, 자유를 강탈하고 있습니다. 민주주의 위기 속에서 미얀마 사람들은 인터넷을 통해 소통하고 문제를 공유하며 군부 세력에 맞설 방법을 모색하고 있지만, 이러한 조직적인 저항을 막기 위해 미얀마 군부 세력은 인터넷이나 소셜미디어의 접속을 차단해서 모든 정보를 통제하고 있는 상황입니다.

2022년 2월에 우크라이나를 침공한 러시아에서도 이러한 통제가 일어나고 있습니다. 러시아의 블라디미르 푸틴 대통령은 반체제적인 보도를 하는 매체에 대한 압력으로 일부 방송을 정지시키고, 트위터나 페이스북, 인스타그램 등의 소셜미디어 접속도 차단하고 있습니다. 러시아 정부의 언론 통제와 소셜미디어 차단은 어제오늘의 일이 아닙니다.

이제 인터넷에 접속하고 소셜미디어에 게시물을 올리는 건 자연스러운 일상이 되었습니다. 아침에 일어나 잠자리에 들 때까지 우리는 늘 소셜미디어에 접속하고 있습니다. 그런데 인터넷이나 소셜미디어 접속을 차단한다면 어떻게 될까요? 우리의 일상은 크게 침해당하고, 다양한 의견이 쏟아져 나오는 민주주의 역시 위협받을 수 있습니다.

선동 도구로 이용되는 소셜미디어

우리는 소셜미디어를 어떻게 써야 하는지 제대로 교육받지 못했습니다. 소셜미디어에 범람하는 거짓 정보와 가짜뉴스를 어떻게 걸러야 하는지도 잘 알지 못합니다. 소셜미디어를 지혜롭게 쓸 수 있는 지식이 부족한 게 사실입니다.

소셜미디어에 올라오는 콘텐츠는 우리 생활에 밀접한 영향을 끼치고 있습니다. 특히 선거철이 다가올수록 선거에 영향을 미치기 위해 온갖 자극적인 콘텐츠가 올라오며, 폭력과 분쟁을 일으키기도 합니다.

소셜미디어 플랫폼은 이를 잘 알고 있고, 콘텐츠가 위험한 행동으로 이어지지 않도록 사용 가이드를 제시합니다. 문제가 되는 콘텐츠를 올리면 경고나 계정삭제 등의 조치를 취하고 있습니다.

하지만 매 순간 업로드되는 엄청난 정보를 하나하나 검토하고, 즉각 조치하기란 어려운 일입니다. 그런 탓에 소셜미디어에는 다양한 가짜뉴스가 범람하고, 권력자들의 거대한 선동 도구가 됩니다.

인간은 정말 휘둘리기 좋은 존재입니다.

돈이 많고 권력이 있는 사람은 항상 악할까요? 반대로 돈이 없고 힘이 없는 사람은 항상 선할까요? 이 세상은 이분법으로 바라볼 수 없음에도, 감정적인 인간은 세상을 선과 악으로 나누려는 심리가 있습니다.

소셜미디어엔 사용자를 속이려는 인물과 조직이 반드시 존재합니다. 이들은 소셜미디어가 가진 다양한 특징을 적절히 활용해 자신들이 원하고자 하는 바를 얻습니다.

예를 들어 정치인의 소셜미디어에서는 경쟁자에게 탄압받고 있다고 호소하며 유권자의 동정표를 얻고자 하는 시도와 "저는 서민이고, 특정 지역의 아들입니다"라는 주장을 쉽게 찾아볼 수 있습니다. 실제로는 다르더라도 정치인이 부자를 대변하거나 기득권을 지키기 위해 선거에 출마했다고 말하는 경우는 없습니다. 모두 서민을 위하는 정치를 하겠다고 주장합니다.

소셜미디어에 올라온 게시물이 감성과 감정에 호소하면 자세한 내막을 확인하지 않고, 그대로 믿는 사용자가 많습니다. 냉철한 판단이 필요함에도 대부분 그냥 넘어가기에, 소셜미디어가 선동 도구로 활용되는 것입니다.

소셜미디어는 비슷한 성향의 사람끼리 모이고, 알고리즘을 통해 익숙한 정보가 추천되기 때문에 대중을 쉽게 선동할 수 있습니다.

소셜미디어를 통한 선동은 분명한 목적이 있습니다. 목표가 설정되면 즉각 무기화되고, 사용자에게 스며듭니다. 이미 많은 플랫폼에서 가짜뉴스와 잘못된 정보의 확산을 막는 데 실패했습니다.

소셜미디어 알고리즘은 가짜뉴스를 막는 기능보다 사용자의 편의에 맞춰져 있습니다. 이 구조를 바꾸지 않는 이상 소셜미디어는 앞으로도 훌륭한 선동 도구로 그 역할을 충실히 할 것입니다.

소셜미디어 플랫폼은 이러한 문제점을 알면서도 방관하고 있습니다. 모든 기업은 사회적 · 윤리적 책임을 다해야 합니다. 특정 문제가 발생했을 때만 조치하는 게 아니라, 미리 예방할 수 있는 프로그램 등을 마련해야 합니다.

하지만 선제적 조치에도 부작용이 생길 수 있습니다. 아무 문제가 없는 정보임에도 불구하고 AI 필터링에 걸려서 정보가 차단될 가능성이 존재하기 때문입니다.

소셜미디어에 올라온 게시물에 대한 규제는 잘못하면 자유로운 정치적 논의나 토론 등을 방해할 수 있으므로 사회적·윤리적 책임과 사용자의 불편 사이에서 균형을 잘 잡아야 합니다.

소셜미디어로 당선되는 독재자

　세계 각국은 코로나19 위기를 극복하기 위해 각종 규제를 강화했습니다. 포퓰리즘(인기 영합) 정치가 확대되고, 정부에 대한 비난을 잠재우기 위해 코로나19 방역 조치를 이용하기도 했습니다. 이러한 과정에서 소셜미디어를 통해 코로나19와 관련된 잘못된 정보가 널리 유통되었고, 사회 분열을 조장하는 가짜뉴스도 범람하면서 민주주의엔 균열이 생겼습니다.

　소셜미디어 공간에서는 극단적인 의견이 더 쉽게 전파되는 특성이 있습니다. 이런 특성을 가장 잘 이용한 사람 중 하나가 도널드 트럼프 전 미국 대통령입니다.

　미국의 민주주의는 트럼프 전 대통령으로 인해 크게

훼손되었습니다. 그는 트위터를 통해 극단적인 의견을 거침없이 주장했고, 그의 메시지에 수많은 사람이 열광했습니다. 트럼프 전 대통령은 특유의 혐오와 갈등을 부추기는 표현을 통해서 자신의 지지 세력을 모았습니다. 이민자에게 일자리를 빼앗겼다고 생각한 백인 노동자들은 "이민자를 모두 내쫓고 멕시코와의 국경 지대에 거대한 장벽을 세우겠다"라는 트럼프 전 대통령의 화법에 넘어갔습니다. 트럼프 전 대통령은 사람의 마음을 사로잡을 수 있는 능력을 갖춘 선동가였습니다.

트럼프 전 대통령은 2020년 대선에서 패배하고도 부정 선거 음모론과 결과에 불복한다고 끊임없이 주장했고, 그 결과 2021년 초에는 트럼프 전 대통령을 지지하는 시위대가 미국 국회의사당 건물을 습격하는 사상 초유의 일까지 벌어졌습니다.

트럼프 전 대통령의 지지자들은 상·하원 합동회의가 열리는 오후 1시에 맞춰서 의회로 몰려들었고, 폭력성까지 드러내며 미국의 민주주의 상징을 파괴한 것입니다. 심지어 이 폭동을 지켜본 트럼프 전 대통령은 시위대를 향해 "평화를 유지하라"라고만 말했지, 당장 시위를 멈추고 해산하라고 요구하지 않았습니다.

코로나19 팬데믹 이전부터 트럼프 전 대통령처럼 극단적이고 강경한 태도를 추구하는 지도자를 뜻하는 '스트롱맨Strongman'이 전 세계에서 득세하고 있었습니다.

예를 들어 시진핑 중국 국가주석이나 블라디미르 푸틴 러시아 대통령 등 우리나라 주변에도 종신 권력을 꿈꾸는 권력자가 존재합니다. 중국과 러시아는 민주주의 국가라 볼 수 없습니다. 그렇다면 뿌리 깊은 민주주의 역사를 자랑하는 다른 나라에서는 이런 모습이 보이지 않을까요?

유럽의 민주주의도 스트롱맨으로 인해 후퇴하고 있는 게 현실입니다. 세계 최대의 민주주의 국가인 인도에서도 전형적인 스트롱맨인 나렌드라 모디 총리가 선거를 통해 선출됐고, 2014년부터 인도를 이끌고 있습니다.

지구 곳곳에서 스트롱맨이 등장하는 이유는 무엇일까요? 가장 큰 이유는 기성 정치인에 대한 불신이고, 그다음은 경제 양극화와 같은 사회적 불만이 원인입니다.

정부와 정치는 힘없는 사람들에게 최후의 보루가 되어야 합니다. 하지만 사람들은 꾸준히 정부로부터 배신당했습니다. 정부는 나름대로 수백조 원의 예산을 쏟아붓고 있지만, 사람들의 삶을 나아지지 않았습니다. 사람들은 허무함 속에서 쌓이는 분노를 해결해 줄 스트롱맨을 찾고, 스트롱맨은 그들의 가려운 부분을 제대로 긁어주면서 권력을 얻습니다.

민주주의를 위협에 빠뜨리는 스트롱맨은 대부분 합법적으로 집권합니다. 민주주의의 꽃이자 근간인 선거를 통해서 시민들로부터 권력을 위임받습니다. 그렇게 합법적으로 집권한 스트롱맨은 이후 자신이 하고 싶은 대로 국가를 이끕니다. 언론을 탄압하고, 헌법을 뜯어고치며 자신을 위한 독재체제를 완성합니다.

스트롱맨과 이들을 추종하는 사람들은 소셜미디어를 적극적으로 활용합니다. 소셜미디어만큼 가짜뉴스를 퍼트리기 좋은 도구가 없고, 자신들과 잘 맞는 사람을 만날 수 있는 공간이 없습니다. 이들은 강력한 응집력을 통해 정치적 목표를 유리하게 만들기 위해 수단과 방법을 가리지 않습니다.

결국 소셜미디어를 악용하는 사람들 때문에 민주주의가 흔들리고 있는 것입니다. 그리고 소셜미디어가 악용될 수 있음을 인지하면서도 문제를 바로잡지 않는 플랫폼이 존재하기에, 소셜미디어의 위험성이 계속 커지고 있습니다.

후퇴하는 민주주의

앞서 설명한 것처럼 민주주의 사회는 '선거'라는 합법적인 방법으로 독재자도 권력을 쥘 수 있습니다. 그것이 민주주의입니다. 민주주의는 완벽하지 않으며, 불완전한 부분도 있습니다. 지금은 그 어느 시절보다 자유롭게 자기 의견을 표출할 수 있음에도 불구하고 민주주의의 위기라는 이야기가 자주 들려옵니다. 정말로 민주주의에 적신호가 들어왔을까요?

인간은 그 옛날 무리를 이루며 수십만 년 동안 작은 부족 사회에서 살아왔습니다. 우리의 사회적 본능도 거기에 맞게 진화했습니다. 인간은 이성적인 동물이 아닙니다. 신중하고 합리적인 판단이 필요함에도 감정적으로 성급하게 움직이기도 합니다.

2022년, 러시아의 우크라이나 침공은 인간의 비합리적인 판단을 잘 보여줍니다. 인간은 전쟁의 잔혹함을 알면서 언제라도 갈등을 촉발해 전쟁을 일으킬 수 있습니다.

민주주의 사회는 언제나 부와 권력을 탐하는 사람들로 인해 훼손됩니다. 민주주의가 어느 정도 성숙해진 국가에서 민주주의가 파괴되는 건 과거처럼 군인들이 쿠데타를 일으켜서가 아닙니다. 합법적으로 권력을 잡은 독재자로 인해 민주주의가 무너집니다.

독재자는 민주주의의 꽃인 선거를 통해 당선된 후, 자기 입맛대로 법과 제도를 하나하나 고쳐나갑니다. 자신에게 반대하는 인물을 테러 집단과 연결하고, 언론을 장악해 가짜뉴스를 만들고, 사법부나 의회를 장악해 민주주의를 붕괴시킵니다.

건강한 민주주의는 보수와 진보가 서로를 견제하고 경쟁하며 민주주의를 유지하고 발전시킵니다. 그러나 많은 민주주의 국가에서 경쟁자를 '적'으로 여기고, 언론의 자유를 억압하고, 선거에서 패배했음에도 '불복'을 선언하는 일이 늘고 있습니다.

민주주의는 어떤 일이 있어도 무너지지 않는 단단한

성이 아닙니다. 작은 물줄기 하나에도 균열이 생길 수 있습니다. 우리가 모르는 사이에 민주주의는 갈수록 후퇴하며 위기를 맞이하고 있습니다.

대한민국의 민주주의도 언제든지 후퇴할 수 있습니다. 우리가 앞으로 진정한 민주주의를 이루기 위해선 지난 과거를 넘어서야 합니다. 대한민국은 이미 두 차례나 군사독재를 경험하며 민주주의의 건강한 발전을 이루지 못했습니다.

어린 학생부터 나이 든 어른까지 모두가 민주주의의 소중함을 인지하고, 권력자가 아니라 우리가 주인공이라는 마음을 가져야만 진정한 민주주의를 이룩할 수 있습니다. 그리고 민주주의를 지키기 위해 항상 정치에 관심을 가지고 권력자가 잘못된 선택을 하지 않도록 지켜봐야 합니다.

소셜미디어가
민주주의를 위협하는 이유

'다름'을 인정하지 않는 소셜미디어

지금까지 민주주의를 훼손하고 위협하는 다양한 사례를 살펴보았습니다. 우리 주위를 조금만 둘러봐도 인권과 자율권을 위협하는 것들을 많이 발견할 수 있습니다.

민주주의의 최고 가치는 자유입니다. 하지만 이 자유엔 책임이 따르고 자기 객관화와 자기 절제가 필요합니다. 책임이 없고, 자기합리화만 가능한 민주주의 국가는 아름답고 건강하다고 말할 수 없습니다.

우리는 소셜미디어를 통해 활발하게 자기 의견을 내며 민주주의를 실천할 수 있는 시대에 살고 있습니다. 소셜미디어는 대중이 적극적으로 정치에 참여하는 데 큰 기여를 했고, 특히 10대부터 30대까지 그동안 정치에 관심이 없고, 참여율도 낮은 젊은 세대가 적극적으로 정치에 참여할 수 있는 환경을 만들었습니다.

젊은 세대가 정치적 영향력을 발휘할 수 있는 건 소셜미디어를 통해 빠르게 정보를 수용하고 확산시키며, 여론을 결집할 수 있기 때문입니다. 권력자들은 이제 소셜미디어 속 여론과 젊은이들의 생각을 무시할 수 없게 되었습니다.

그러나 소셜미디어로 인한 피해도 만만치 않습니다.

소셜미디어가 폭발적으로 확산한 것은 이성보다는 감정으로 작동되기 때문입니다. 소셜미디어는 내 친구와 취향을 기반으로 정보를 보여줍니다. 그래서 사람들은 친구가 공유한 내용을 별다른 의심 없이 받아들이는 경우가 많습니다. 심지어 가짜뉴스조차도 '진실'로 유통될 가능성이 매우 큽니다.

사람들은 소셜미디어를 이용하면서 자기도 모르게 감정적으로 판단하고, 호감이 있는 특정 그룹의 관점으로 세상을 바라보게 됩니다.

누구나 자주 방문하는 온라인 공간이 있습니다. 플랫폼에서 제공하는 카페일 수도 있고, 커뮤니티일 수도 있습니다. 이런 공간은 서로 다른 의견을 비슷한 비중으로 유통하지 않습니다. 다수의 특정 성향 사용자로 인해 항상 의견이 한쪽으로 기울어집니다.

특정 성향의 사용자가 다수라 할지라도 소수의 의견을 존중할 수 있다면 그 공간은 유지되고 발전할 수 있으나, 그렇지 못한 경우가 대부분입니다. 다수의 사용자는 소수 의견을 대놓고 무시하고, '다름'이 아니라 '틀림'이라며 손가락질합니다.

다수에 의한 폭력이 작용하면 소수 의견을 가진 이는 굳이 그 커뮤니티에 머물 이유가 없습니다. 자기 의견과 비슷한 사람들이 있는 곳으로 떠나고, 커뮤니티별 특정 성향은 더욱 강해질 수밖에 없습니다.

소셜미디어나 특정 커뮤니티의 여론은 결코 사회 전체의 여론이 아닙니다. 그런데도 대다수 사용자는 자신들의 생각이 옳다고 확신합니다.

자신들이 옳다고 믿는 건 '정의'가 되고, 다른 의견을 말하는 이는 모두 '적'으로 바라봅니다. 그러한 과정에서 폭력성과 공격성이 생겨납니다. 이런 그룹이 많아질수록 사회 갈등은 더욱 심화됩니다.

소셜미디어는 사용자에 따라 공동체를 발전시킬 수도

있고, 이기심과 편견을 부추기는 도구가 되기도 합니다.

원래 소셜미디어는 자기표현의 수단이자 소통하는 공간으로 평가받았습니다. 참여와 다양성의 강화를 통해 민주주의 발전에도 도움이 될 것이란 의견이 초기엔 지배적이었습니다.

하지만 지금은 소셜미디어가 오히려 타자와의 관계를 단절하고 본인의 생각을 더욱 확고하게 만드는 '확증편향'을 강화하고 있습니다. 그리고 과도한 관음증이나 나르시시즘(자기 애착) 현상도 빈번히 목격되면서 소셜미디어는 민주주의 쇠퇴와 함께 '각자도생' 사회를 부추기고 있습니다.

돈벌이에만 집중하는 플랫폼

소셜미디어는 민주주의 발전에 큰 역할을 할 것으로 기대를 모았습니다. 그러나 소셜미디어는 기업이 운영하고 있습니다. 기업은 수익과 이윤을 추구하는 게 자연스러운 곳입니다. 돈을 버는 데 우선순위를 두는 소셜미디어가 많아지면서 민주주의는 크게 흔들리고 있습니다.

기업은 그저 돈을 벌기 위해 자사 소셜미디어 내에서 일어나는 수많은 범죄와 혐오, 가짜뉴스를 방치했습니다. 기업은 그들의 상품과 비즈니스가 민주주의에 얼마나 악영향을 끼치는지 알면서도 책임지지 않았습니다.

앞서 말한 것처럼 소셜미디어가 처음 등장했을 때 새로운 토론의 장으로, 자유롭고 활발하게 의견을 내놓을 수 있는 공간이기에 민주주의의 발전에 도움이 되리라 생각했습니다.

하지만 결과적으로 소셜미디어는 이 사회를 더 분열시켰습니다. 비슷한 생각을 하는 이들이 모일 수밖에 없는 알고리즘을 통해서 편향성을 키웠고, 다른 생각을 가진 이들은 모두 적으로 만들었습니다. 분열과 불신을 일으키며 사용자들이 더 많이 자신들의 플랫폼에 머물도록 했습니다.

소셜미디어를 잘 활용하면 여전히 자유롭고 자발적인 소통의 장으로 활용할 수 있습니다. 이는 민주주의 발전에도 도움이 될 수 있습니다.

그러나 소셜미디어는 국가 이상으로 거대한 권력기관이 되어버렸고, 순기능보다 역기능이 더 우려되고 있는 상황입니다. 소셜미디어는 이제 권력에 대항하는 도구로써 그 역할을 제대로 수행하지 못하고 있습니다.

어쩌면 우리는 소셜미디어에 너무 큰 기대를 하고 있었는지도 모릅니다. 소셜미디어의 본질은 기업입니다. 기업의 목적은 성공한 비즈니스 모델을 만들어 이윤을 창출하는 것입니다.

하지만 소셜미디어로 인해 민주주의가 위기에 처하는

일은 막아야 하지 않을까요? 소셜미디어 플랫폼이 벌어들이는 엄청난 이익만큼 '사회적 책임'을 다하도록 요구하는 건 당연한 일입니다.

소셜미디어가 무조건 나쁘다고 생각해서는 안 됩니다. 밝은 면도 있고, 어두운 면도 있습니다. 밝은 면을 통해서 우리에게 좋은 영향을 미치고 있다는 사실도 인정해야 합니다.

우리는 소셜미디어의 밝은 면을 인정하고, 어두운 면을 고칠 수 있도록 소셜미디어 플랫폼에 요구해야 합니다. 그래야만 기업도 돈을 버는 데만 몰두하지 않고, 자신들이 사회에 긍정적인 영향을 미치는 책임이 있다는 사실을 기억할 것입니다.

우리 모두 참여하고 행동할 때

아래로부터 소셜미디어가 활용될 때 민주주의가 발전할 수 있습니다. 하시만 권력자로 대표되는 위로부터 소셜미디어가 더 활용되면 민주주의엔 큰 도움이 되지 않습니다.

소셜미디어는 대부분 개인이 자신의 일상과 취향을 공유하는 데 사용하는 것처럼 보입니다. 하지만 정치나 사회 영역에서는 권력자와 엘리트층이 자신의 권력을 더욱 공고히 다지기 위해 활용하고 있습니다.

소셜미디어의 등장은 권력의 견제나 분산이 아니라, 권력의 집중으로 이어지고 있습니다. 소셜미디어의 영향력이 커지면서 기득권층의 권력도 함께 커진 것입니다.

왜 권력자들의 정치적 의사결정을 그저 바라만 보아

야 할까요? 왜 소셜미디어에서도 권력자들의 목소리가 가장 커야만 할까요?

소셜미디어에 의한 민주주의 훼손은 그리 어려운 일이 아닙니다. 소셜미디어는 소통의 편리함을 제공하지만, 권력자가 우리의 일거수일투족을 감시하는 도구로 사용할 수 있습니다.

2022년 4월 21일, 버락 오바마 전 미국 대통령은 스탠퍼드대학교 연설에서 "국민을 심각하게 분열시키는 온라인상 거짓말을 차단하기 위해 IT 기업들이 시스템을 재설계해야 하고, IT 기업의 의사결정 과정이 더 투명하게 되도록 규제해야 합니다. IT 기업이 민주주의 제도에 대한 신뢰를 훼손하고 잘못된 정보를 확산하면서 국민을 분열시키는 데 일조했습니다. 의도 여부와 무관하게 IT 기업의 세세한 결정이 민주주의를 더 취약하게 만들었습니다"라고 말했습니다.

오바마 전 대통령은 소셜미디어에서 조작된 정보로 인해 사람이 죽기도 하는데, IT 기업이 문제를 해결하려고 노력하지 않고 있다고 강하게 비판했습니다.

그리고 알고리즘이 빠르게 진화하면서 알고리즘을 설

계한 사람들도 알고리즘이 어떻게 작동하는지 확신하지 못하는 지경에 이르렀으며, 이러한 기술에 대한 기준이 마련되지 않는다면 선거와 사법제도, 민주주의, 사회질서 등에 심각한 영향을 미칠 수도 있다고 지적했습니다.

세계의 대통령이라 불리는 미국 대통령조차 소셜미디어의 폐해를 인지하고 있고, 이를 규제하지 않으면 위험한 세상이 올 수 있다고 경고하고 있습니다.

소셜미디어는 민주주의를 언제든지 위협할 수 있고, 우리는 민주주의를 지키기 위해 노력해야 합니다.

지금 정부는 소셜미디어의 지나친 횡포와 수익 추구를 막기 위해 규제책을 내놓아야 합니다. 그러나 소셜미디어를 법적으로 규제하는 건 생각보다 어려운 일입니다.

국회에서 법을 새로 만들거나 기존의 법을 고치는 건 절차상 많은 시간이 필요하고, 이해당사자끼리의 충돌도 불가피합니다. 국내 플랫폼과 국외 플랫폼에 따라 법 적용이 다르면 이에 따른 역차별 논란도 일어날 수 있습니다.

긍정적인 변화와 발전은 쉽고 빠르게 이뤄지지 않습니다. 우리가 꾸준히 관심을 가지고 지켜보아야만 민주주의의 후퇴를 막을 수 있습니다.

그리고 소셜미디어를 물리적으로 규제하는 것뿐만 아니라, 우리가 항상 위기의식을 갖고 소셜미디어를 바람직하게 사용하도록 노력하는 자세도 필요합니다.

우리는 어떻게 소셜미디어를 건강하게 사용할 수 있을까요? 다음 장에서는 가짜뉴스에 대응하고, 건강하게 소셜미디어를 사용할 수 있는 다양한 방법을 알아보겠습니다.

3부
모두를 위한
미디어 리터러시

지금은
가짜뉴스의 시대

가짜뉴스란 무엇일까?

예전과 달리 가짜뉴스라는 단어는 이제 흔하게 접할 수 있습니다. 그만큼 가짜뉴스가 많이 유통되고, 그에 따른 폐해가 크기 때문입니다. 가짜뉴스는 민주주의 사회를 위협하는 가장 큰 문제입니다.

가짜뉴스라는 단어는 2000년대 초부터 나오기 시작했습니다. 그리고 2010년 무렵부터 소셜미디어의 유행과 더불어 사용되다가, 2016년 미국 대선을 계기로 전 세계로 확산됐습니다.

가짜뉴스는 정확히 무엇일까요? 우리가 흔히 생각하는 오보나 근거 없는 소문, 풍자는 가짜뉴스가 아닙니다. 가짜뉴스는 정치·경제적 이익을 목적으로, 고의로 왜곡·날조해 언론 보도로 가장하는 거짓 정보를 뜻합니다.

왜 사람들은 가짜뉴스에 열광하고 관심을 보일까요?

자신의 가치관, 신념, 판단 따위와 부합하는 정보에만 주목하고 그 외의 정보는 무시하는 '확증편향' 때문입니다. 사람은 자기가 믿고 싶어 하는 것만 믿으려는 경향이 있습니다. 그래서 정보를 자신의 입맛에 맞게 해석하는 경우가 많습니다.

소셜미디어나 포탈에 올라온 뉴스의 댓글을 보면 자기가 알고 있는 내용과 다르다고 무조건 가짜뉴스로 공격하는 일이 잦습니다. 사람들은 고의로 왜곡되고 날조된 내용을 사실로 정의하고, 오히려 진실을 다루는 뉴스를 가짜뉴스로 정의하기도 합니다.

이 세상 모든 정보는 팩트체크와 크로스체크가 필요합니다. 가짜뉴스가 아니라 하더라도 다른 의견을 가진 정보와 비교해보고, 자신만의 기준과 잣대에 맞춰서 판단을 내려야 합니다. 한두 번만의 클릭으로 뉴스를 믿는 건 위험한 일입니다.

대부분 가짜뉴스는 조금만 검색해 봐도 '가짜'임을 확인할 수 있습니다. 가짜뉴스인 줄 알면서도 그대로 믿는 사람이 늘어날수록 우리 사회는 위험해집니다. 가짜뉴스에 계속 노출되다 보면 사회에 대한 불신이 깊어지고, 사회나 타인에 대한 무관심으로 이어질 수 있기 때문입니다.

가짜뉴스는 표현의 자유 뒤에 숨어서 개인의 인격을 침해하고, 불신과 혼란을 조성하여 공동체를 파괴하는 폭탄이 될 수 있습니다.

가짜뉴스의 폐해가 너무 심각하여서 이를 제재하고 처벌해야 한다는 목소리가 매우 높습니다. 하지만 가짜뉴스의 통일된 정의가 내려지지 않은 상황에서 가짜뉴스를 제재하는 건 표현의 자유를 침해하고, 잘못하면 민주주의를 후퇴하게 만들 수도 있습니다.

최초의 가짜뉴스

가짜뉴스는 언제부터 시작되었을까요? 가짜뉴스의 정의에 따라서 달라질 수 있지만, 저는 좀 더 폭넓은 개념으로 보고 역사를 거슬러 올라가겠습니다.

미국 정치 전문 매체 〈폴리티코Politico〉에 따르면, 가짜뉴스의 역사는 무려 1475년부터 시작되었다고 합니다. 여기서 가짜뉴스란 소문이나 유언비어 등의 개념이 섞여 있습니다.

1475년, 이탈리아의 트렌토Trento라는 도시에서 세 살 된 아이가 실종되는 일이 발생했습니다. 그때 프란치스코회의 한 수도사가 '유대인이 아이를 유괴하여 살해한 뒤 그 피를 마셨다'라는 이야기를 지어내서 사람들을 설교했습니다.

그의 설교는 순식간에 도시 전체로 퍼졌고, 당시 트렌토의 주교이자 왕자인 요하네스 힌더바흐 4세의 귀에까지 들어갔습니다. 힌더바흐 4세는 분노하며, 트렌토의 모든 유대인을 체포해서 고문하라고 지시하였습니다.

이후에도 특정 인종이나 집단을 대상으로 거짓된 정보를 흘리는 일은 여러 지역에서 나타났고, 가짜뉴스가 얼마나 위험한지 잘 보여줬습니다.

우리나라는 2003년부터 가짜뉴스라는 단어를 사용한 것으로 보입니다.

당시 마이크로소프트의 창업자 빌 게이츠가 사망했다는 외신의 만우절 뉴스를 국내 언론에서 사실로 착각해 보도하는 일이 있었고, 이때 가짜뉴스라는 단어가 사용되었습니다. 이외에도 모델 겸 배우 변정수의 교통사고 사망 오보 역시 가짜뉴스라는 이름으로 퍼졌습니다.

그리고 국내 역사학자 가운데엔 '서동요'가 가짜뉴스의 한 형태라고 주장하기도 합니다. 서동요는 『삼국유사』에 기록된 향가로, 신라 진평왕 때 백제 무왕이 지었다고 합니다.

서동요의 내용은 이렇습니다. 신라의 수도 서라벌에서 언제부턴가 공주의 부적절한 행위를 고발하는 노래가 민가에 퍼집니다.

"선화공주님은 남몰래 정을 통해 두고, 서동 도련님을 밤에 몰래 안고 간다."

이 노래는 진평왕의 귀에도 들어갔고, 분노한 왕은 공주를 귀양보내기로 합니다. 울면서 떠나는 공주 앞에 때마침 서동이 나타납니다. 결국 두 사람은 결혼하게 되고, 이후 백제로 건너간 서동은 무왕으로 즉위합니다. 미천한 신분의 서동은 가짜뉴스로 신분을 바꿀 수 있었습니다.

그 옛날에 서동요는 어떻게 가짜뉴스가 되어 널리 퍼질 수 있었을까요? 당시 아이들은 정보를 퍼트리는 주요 수단이었고, 선화공주의 부적절한 행동이 노래로 만들어지자 아이들을 통해 손쉽게 전파된 것입니다.

가짜뉴스와 조선인의 비극

가짜뉴스의 역사는 비극적인 경우가 대부분입니다.

1923년 9월 1일, 일본 도쿄의 요코하마 주변에서는 새벽부터 강한 바람을 동반한 집중호우가 쏟아졌습니다. 비가 갠 후 한낮의 더위가 시작될 무렵 진도 7.9의 대지진이 일본의 관동 지방을 덮쳤습니다. 불과 13초의 지진으로 인해 관동 지방은 초토화가 되었습니다.

지진은 멈췄지만, 거리 곳곳에서 불이 났습니다. 순식간에 발생한 화재는 강한 바람을 타고 도시 전체로 퍼져나갔습니다. 이 지진으로 인해 당시 관동 지역 인구 1,000만 명 중 피해자만 310만 명에 달했습니다. 지진 피해보다 화재 피해가 더 컸는데 무려 14만 2,000명이 화재로 사망했습니다.

그리고 수많은 가짜뉴스가 퍼졌는데, 그중에는 지진과 화재로 인한 피해를 당시 일본에 거주하던 조선인 탓으로 돌리는 내용도 있었습니다.

"교도소를 탈옥한 죄수들이 폭동을 일으켰다."

"사회주의자들이 집단으로 봉기했다."

"조선인이 방화를 저질렀다."

"조선인이 우물에 독을 넣었다."

지진으로 인한 일본인의 슬픔과 불안은 순식간에 조선인을 향한 극도의 분노와 증오로 변했습니다.

관동 대지진이 일어나자 일본 정부는 계엄령을 선포해 군대와 경찰을 동원했습니다. 하지만 조직이 제대로 갖춰지지 않은 상태였기 때문에 각 마을의 재향군인과 청년 등이 중심이 되어 자경단을 만들도록 허락했습니다.

자경단은 관동 대지진 이후 널리 퍼진 가짜뉴스를 그대로 믿었고, 조선인을 학살하는 명분으로 사용했습니다. 이 과정에서 일본 정부는 학살을 보고도 눈을 감았습니다. 조선인은 가짜뉴스의 최대 피해자였고, 인간이 아닌 사냥감이었습니다.

당시 사이토 마코토 조선 총독은 조선인 희생자 수가

고작 2명이라고 밝혔지만, 이를 믿는 사람은 아무도 없었습니다. 자경단은 경찰의 용인하에 마구잡이로 조선인을 죽였기 때문에 실제 희생자는 훨씬 많았습니다. 가짜뉴스로 희생된 조선인은 공식 통계로만 6,661명입니다.

조선인을 죽음으로 내몬 가짜뉴스는 누가 퍼트렸을까요? 바로 일본 정부였습니다. 그때 당시 일본 정부는 정권을 교체하는 시기였고, 관동 대지진으로 인한 성난 민심이 정부로 향하면 큰 타격을 입을 수밖에 없었습니다.

일본 정부는 권력을 지키기 위해 분노의 화살촉을 다른 곳으로 돌릴 필요가 있었고, 그 결과 애꿎은 조선인들이 희생양이 된 것입니다.

독일의 운명을 바꾼 가짜뉴스

혹시 '엠스 전보 사건'에 대해서 들어본 적이 있나요? 역사에 관심이 많더라도 생소할 수 있지만, 가짜뉴스로 유명한 사건 중 하나입니다.

엠스 전보 사건은 1870년 독일의 통일을 꿈꾼 프로이센의 수상 비스마르크가 국왕 빌헬름 1세의 전보 내용을 교묘하게 수정해 프랑스를 자극한 사건입니다.

이 사건은 1868년 스페인의 이사벨 2세가 군의 쿠데타로 쫓겨나 왕위가 비게 되면서, 1870년에 스페인 의회가 빌헬름 1세의 친척인 레오폴트 공에게 왕위를 제안하면서 시작됩니다.

당시 프로이센은 여러 국가로 분열되어 있던 독일에

서 힘을 키우며 독일의 통일을 주도하고 있었고, 프랑스는 이를 못마땅한 시선으로 바라보고 있었습니다.

프랑스의 나폴레옹 3세는 만약 레오폴트 공이 스페인 왕위에 오르면 프로이센 출신 왕가가 좌우에서 프랑스를 에워싸는 꼴이 되기 때문에 이를 적극적으로 반대했고, 그해 7월 12일에 레오폴트 공은 왕위를 거절한다고 공표했습니다.

그다음에 바로 프랑스 대사가 빌헬름 1세가 휴가 중이던 엠스 온천으로 찾아와서 앞으로 두 번 다시 이러한 일이 없도록 문서로 보장할 것을 요구했습니다. 이에 빌헬름 1세는 그 요구를 거절하는 선에서 마무리했습니다. 그리고 빌헬름 1세는 프랑스 대사의 무례한 행동을 비스마르크에게 알렸고, 비스마르크는 이 내용을 일부 각색해 제삼국인 영국 언론을 통해 공개했습니다.

'휴가 중인 빌헬름 1세를 찾아온 프랑스 대사의 무례한 요구에 빌헬름 1세도 화가 나서 말도 제대로 안 듣고 쫓아냈다'라는 내용으로 상대방을 서로 모욕한 것처럼 비치도록 한 완벽한 가짜뉴스였습니다.

비스마르크의 가짜뉴스로 분노한 양국에서는 전쟁을 요구하는 여론이 강해졌고, 그 결과 프랑스가 프로이센에 선전포고하며 전쟁으로 이어졌습니다.

그러나 비스마르크는 이전부터 비밀리에 전쟁 준비를 하고 있었고, 프로이센과 독일 연합국은 프랑스를 압도하며 순식간에 전쟁에서 승리했습니다. 그리고 1871년 1월 18일, 베르사유 궁전에서 빌헬름 1세가 독일의 황제로 즉위하면서 '독일 제국'을 선포했습니다.

가짜뉴스에 넘어간 프랑스로서는 크나큰 비극이 아닐 수 없습니다. 그렇다면 독일의 관점에서는 어떨까요?

독일의 통일만 놓고 보면 엠스 전보 사건은 성공한 가짜뉴스입니다. 그러나 더 멀리 보면 독일에도 큰 도움이 되지 못했습니다. '통일'이라는 대업을 이룩하기는 했지만, 이후 수많은 전쟁을 일으킨 비극적인 독일 역사의 원인이 되었기 때문입니다.

이처럼 가짜뉴스의 역사는 과거부터 이어졌고, 가짜뉴스로 인한 주요 사건의 결말은 비극으로 끝나는 경우가 많습니다.

가짜뉴스를 악용하는 사람들

가짜뉴스는 왜 위험할까요? 거짓말은 그 종류에 따라 웃어넘길 수 있는 경우도 많지만, 가짜뉴스는 단순히 재미로 제작되고 유통되는 게 아니기 때문에 그 피해가 심각합니다.

20세기 최악의 인물 중 한 명으로 제2차 세계대전을 일으키고, 유대인을 학살한 아돌프 히틀러가 있습니다.

히틀러가 집권하던 당시 나치 독일에서는 눈만 뜨면 나치당의 선전 책임자인 요제프 괴벨스에 의한 가짜뉴스가 반복적으로 재생되었습니다.

괴벨스는 히틀러의 최측근으로 일관되게 히틀러를 찬양했습니다. 그의 히틀러 찬양은 사랑이 아니라 광기에 가까웠고, 그가 만들어낸 가짜뉴스는 독일 국민을 히틀러와 국가주의의 광신도로 만드는 데 크게 기여했습니다.

그는 '사람들은 거짓말을 한 번 들으면 부정하고, 두 번 들으면 의심하며, 세 번 들으면 믿는다'라는 신념으로 오랫동안 독일 국민을 가짜뉴스로 세뇌하고 진실을 가렸습니다.

괴벨스는 미디어를 활용한 대중 선동가로 지금도 여러 매체에서 언급되고 있습니다. 인터넷으로 괴벨스를 검색해 보면 그가 남긴 많은 명언(?)을 찾을 수 있습니다.

"거짓말을 반복하다 보면 결국 진실이 된다."

"나에게 한 문장만 달라. 그러면 누구든지 범죄자로 만들 수 있다."

앞의 문장들은 괴벨스의 명언으로 많이 인용되고 있지만, 사실 정확한 출처는 확인되지 않았습니다. 괴벨스는 청년 시절부터 수많은 문서 기록을 남겼지만, 그의 명언이 실제로 확인된 적은 없습니다.

괴벨스의 명언 말고도 우리가 믿고 있는 정보 중에는 단지 여러 매체에서 다루었기 때문에 그냥 진실이라고 믿고 넘어가는 경우도 많이 있을 겁니다.

현재 우리가 가장 많이 접한 가짜뉴스는 코로나19와 관련된 거짓 정보입니다.

가짜뉴스는 코로나19보다 위험합니다. 왜냐하면 가짜뉴스로 잘못된 정보나 인식이 퍼지면, 백신 접종과 같은 방역 정책을 정부에서 원활하게 시행할 수 없게 만들기 때문입니다.

코로나19 사태 초기에 대한감염학회 등 학회에서는 "과장되거나 왜곡된 정보로 인하여 부적절하게 초래되는 사회적 공포는 방역 당국의 신속한 대응과 위기 극복을 위한 우리 공동체의 협력과 노력을 힘들게 만듭니다"라고 대국민 담화문을 발표했음에도, 코로나19 가짜뉴스는 소셜미디어와 유튜브를 중심으로 꾸준히 그리고 빠르게 퍼져나갔습니다.

코로나19에 대한 정보가 부족했을 땐 '코로나19는 생화학무기 개발 과정에서 유출됐다' '코로나19는 5G 전파를 타고 확산된다' '감염자를 쳐다만 봐도 옮는다' 등 바이러스의 근원이나 감염 경로에 관한 가짜뉴스가 주를 이뤘습니다. 그 이후엔 의료인의 전문성을 악용해 가짜뉴스를 더 그럴싸하게 만들려는 시도가 많아졌습니다.

코로나19 백신 접종이 광범위하게 이뤄질 땐 '백신 접종자에게 전자 칩을 심는다' '백신을 맞으면 유전자가 변형된다' '백신을 접종한 노인은 치매에 걸린다'와 같은 백신에 대한 공포를 유발했습니다. 그리고 백신 부작용이 속속 보고될 땐 백신 무용론이라는 가짜뉴스가 퍼지며 방역 당국을 곤혹스럽게 만들었습니다.

코로나19 가짜뉴스는 신뢰할만한 증거가 전혀 없음에도 '그럴싸한 근거'를 통해서 사람들의 이성을 마비시켰습니다. 이처럼 가짜뉴스를 악용하면 개인을 괴롭히는 것을 넘어서 사회 전체를 망가뜨릴 수 있습니다.

그렇기에 우리는 늘 가짜뉴스를 경계해야 하고, 가짜뉴스를 구분할 수 있는 능력을 키워야 합니다. 그렇다면 가짜뉴스는 어떤 종류가 있고, 또 어떻게 해결하고 방지할 수 있을까요?

가짜뉴스에
대처하는 방법

가짜뉴스와 허위정보 구별하기

가짜뉴스와 허위정보는 무엇이 다를까요?

가짜뉴스는 흔히 언론사의 오보나 풍자, 소문 등을 포함한 개념으로 많이 이해하고 있습니다. 그러나 민주주의를 위협하는 가짜뉴스를 풍자나 소문과 구분해야 한다는 목소리가 커지면서, '허위정보' 혹은 '기만적 정보'로 부르고 있습니다. 하지만 가짜뉴스가 워낙 익숙하다 보니, 여전히 가짜뉴스로 사용되는 경우가 대부분입니다.

허위정보는 주로 언론사가 아닌 곳에서 특정 의도나 이익을 위해 진짜 뉴스처럼 포장해서 유포하는 정보를 말합니다. 허위정보는 자동생산 기술로 만들어지고 풍부한 자료를 덧붙여 강력한 효과를 발휘합니다.

허위정보 유포자들은 자신들이 만들어낸 정보를 크게

떠들어대거나 퍼트릴 의향이 있는 사람들에게 전달합니다. 허위정보나 가짜뉴스는 대개 공짜로 제공됩니다. 기꺼이 돈을 내고 고급정보를 얻는 사람들보다 그렇지 못한 사람들이 더 쉽게 노출될 수 있습니다.

대한민국 언론의 신뢰도는 갈수록 추락하고 있지만, 소셜미디어의 빠른 전파력과 편향된 믿음 속에서 허위정보는 엄청난 파급력을 낳고 있습니다. 허위정보가 급속히 퍼지고, 사회를 심각하게 망가뜨리면서 전 세계적으로 소셜미디어상의 허위정보를 규제하겠다는 시도가 잦아지고 있습니다. 소셜미디어가 주된 규제 대상으로 부상한 것입니다.

이는 우리나라도 마찬가지입니다. 다양한 입법 활동과 개정을 통해서 허위정보에 대한 규제가 갈수록 강해지고 있습니다. 하지만 어디까지를 허위정보를 볼 것인지에 대한 결론을 내리지 못해서 입법이 진행되고 있지 않습니다. 그러나 소셜미디어가 지금처럼 많은 허위정보를 방치한다면, 국가나 정부 차원의 견제와 규제는 강해질 수밖에 없습니다.

가짜뉴스가 아닌 것들

가짜뉴스는 명확하게 정의를 내리기 어려운 게 사실입니다. 여러 개념이 혼동되어 사용되기도 하고, 가짜뉴스가 아닌데 가짜뉴스처럼 쓰이기도 합니다. 어떤 개념들이 가짜뉴스인 양 쓰이고 있을까요?

풍자적 뉴스

풍자적 뉴스는 정치나 사회적 이슈에 코미디 요소를 가미해 풍자한 뉴스를 말합니다. 뉴스에 비해 개인 의견을 표현하는 경우가 많아서 가짜뉴스보다 훨씬 관대하게 평가되며 크게 문제 삼을 수 없는 정보입니다.

그러나 풍자적 뉴스라고 해서 모든 게 용서되는 건 아닙니다. 풍자적 뉴스도 저널리즘에 근거해야 하고, 선을 넘지 않아야 합니다. 풍자적 뉴스도 정도가 지나치면 가짜뉴스보다 더 큰 사회적 혼란을 가져오기도 합니다.

풍자적 뉴스의 가장 큰 특징은 표현의 자유를 통해 정치와 사회를 비판하는 데에 있습니다. 사회에 해를 끼치기보다는 비판을 통한 사회 정화라는 순기능이 더 강합니다.

풍자적 뉴스와 가짜뉴스를 구분하는 일은 꽤 어려운 일입니다. 경계가 모호하지만, 이를 명확하게 구분해야 풍자적 뉴스가 가짜뉴스가 되어 표현의 자유가 침해당하는 일을 막을 수 있습니다.

패러디

패러디Parody는 하나의 텍스트가 다른 텍스트를 조롱하거나 희화화시킨다는 좁은 의미로 사용되기도 하고, 텍스트와 텍스트 간의 반복과 다름이라는 넓은 의미로 사용되기도 합니다. 패러디는 언론이나 뉴스 영역에서 사용되기보다는 예술 영역에서 더 활발하게 사용되는 개념입니다.

민주주의 사회는 정치적 표현이 광범위하게 보장되어야 합니다. 하지만 정치 패러디는 자주 선거법 위반이나 명예훼손 등의 문제로 고소·고발되는 사례가 많습니다.

정치적 표현 수위가 다소 높다 하더라도 권력을 향한 비판은 성숙한 민주주의와 권력 견제를 위한 일이기 때문에 사법부에서도 인정해주는 게 대부분입니다.

패러디와 가짜뉴스를 구분하는 건 풍자적 뉴스에 비해 상대적으로 쉬운 일입니다. 패러디를 가짜뉴스의 영역에 넣어서 규제 대상으로 포함하는 일은 없어야 합니다.

루머

'아니면 말고'로 표현할 수 있는 '소문'의 개념입니다. 이 개념은 다양한 형식으로 퍼질 수 있습니다. 루머는 정보를 처음 생산한 사람과 퍼트린 사람을 파악할 수 없는 게 특징입니다. 뉴스 형식을 갖춘 루머는 가짜뉴스와 같다고 할 수 있기에 규제 대상에 포함될 필요성이 있습니다.

루머가 문제가 되는 이유는 비공식적이고 근거가 없음에도 불구하고 전달 과정에서 악의적으로 왜곡되고 부풀려지기 때문입니다. 루머는 루머에 그치지 않고 사람들의 관심을 끌고 급속히 확산되어 타인을 설득하는 등 파급효과를 미칩니다.

특히 선거철에는 루머를 활용한 마타도어가 성행합니

다. 마타도어란 스페인어에서 '투우사'를 뜻하는 '마타도르Matador'에서 유래한 말로 상대방의 내부를 교란하기 위해 근거 없는 사실을 조작해 유포시킨다는 용어입니다. 이러한 악의적인 루머는 때로 선거의 당락에 결정적인 영향을 주게 됩니다.

루머와 가짜뉴스는 구분할 수 있는 개념이지만, 함께 결합할 위험성이 매우 큽니다.

도용

도용이란 허락 없이 남의 정보 등을 훔쳐서 개인의 이익 등을 위해 사용하는 것을 뜻합니다. 만약 개인정보를 도용하면 '정보통신망 이용촉진 및 정보보호 등에 관한 법률' 제22조에 따라 벌금 또는 징역형을 받을 수 있습니다.

도용은 그 자체로 범죄이기 때문에 가짜뉴스보다 더 큰 위험성을 가진 개념이라 할 수 있습니다. 가짜뉴스는 특정 정보를 도용해 만들어지는 경우가 많습니다.

오보

오보는 언론 보도의 포괄적인 실수를 의미합니다. 오보는 잘못된 정보이기에 범죄 행위로 처벌하기보다는 인간의 실수로 폭넓게 이해하는 개념입니다.

오보는 취재 과정에서 실수가 생기지 않아도 만들어집니다. 잘못된 목적을 갖고 기사를 내는 건 '왜곡 보도'나 '과장 보도'로 부르며 오보와는 구분합니다.

가짜뉴스는 처음부터 나쁜 목적을 갖고 만들어지기 때문에 실수가 아닙니다. 오보와 가짜뉴스의 구분은 다른 개념보다 쉬운 편입니다.

앞서 말한 개념들을 굳이 구분하지 않아도 괜찮다고 생각할 수노 있습니다. 옳고 그름만 파악하고, 개인이나 사회적 해악만 생각해도 되기 때문입니다.

하지만 가짜뉴스는 100퍼센트 거짓으로만 구성되지 않습니다. 다양한 개념과 결합하여 교묘하게 만들어집니다. 가짜뉴스를 명확하게 구분하고 정의해야만, 표현의 자유가 위축되는 일이 일어나지 않습니다.

가짜뉴스를 판별하는 법

가짜뉴스가 아니지만, 가짜뉴스처럼 여겨지는 여러 개념을 살펴봤습니다. 그러면 가짜뉴스는 어떻게 판별할 수 있을까요? 국제도서관연맹에서 제시하는 가짜뉴스 판별법을 소개해드리겠습니다.

1. 정보원 확인하기
해당 뉴스 사이트의 목적이나 연락처 등을 확인합니다.

2. 본문 읽어보기
제목은 관심을 끌기 위해 선정적일 수 있는 만큼 전체 내용을 꼼꼼히 확인합니다.

3. 작성자 확인하기

작성자가 실존 인물인지, 어떤 이력을 가졌는지 등을 확인해 믿을 만한지 판별합니다.

4. 근거 확인하기

관련 정보가 뉴스를 실제로 뒷받침하는지 확인합니다.

5. 날짜 확인하기

오래된 뉴스를 재탕 또는 가공한 건 아닌지 확인합니다.

6. 풍자 여부 확인하기

뉴스가 너무 이상하다면 풍자성 글일 수 있습니다.

7. 선입견 점검하기

자신의 믿음이 판단에 영향을 미치지 않았는지 확인합니다.

8. 전문가에게 문의하기

해당 분야 관련자나 팩트체크 사이트 등에서 확인합니다.

최근 가짜뉴스는 점점 교묘해지고 있습니다. 유명 사이트의 디자인을 도용하거나 사진을 합성하고, 유명인의 이름을 가져오는 경우도 많습니다. 모든 가짜뉴스를 걸러내는 건 불가능할 수 있습니다.

그러나 정보의 출처만 제대로 확인하더라도 많은 가짜뉴스를 거를 수 있습니다. 만약 출처를 정확하게 알 수 없다면 누가 정보를 전달했는지 살펴봅니다. 믿을 수 있는 언론사나 기자인지, 아니면 전문가인지 확인합니다.

이외에도 서로 다른 시각을 가진 언론사에 올라온 정보를 비교해 보고, 팩트체크 사이트를 통해 확인하는 것도 좋은 방법입니다.

미디어 리터러시의 필요성

미디어 리터러시Media Literacy란 무엇일까요? 미디어가 우리의 일상과 떼려야 뗄 수 없는 존재가 되면서 미디어 리터러시의 중요성이 갈수록 커지고 있습니다.

먼저 리터러시는 '문해력'으로 읽고 쓸 수 있는 능력을 의미합니다. 이러한 맥락에서 미디어 리터러시는 '미디어를 읽고 쓸 수 있는 능력'으로 간단하게 정의할 수 있습니다. 그리고 더 넓은 의미에서 우리가 살고 있는 세계에서 일어나는 다양한 정보를 소화할 수 있는 능력을 말합니다.

리터러시는 수학 공식처럼 불변하는 개념이 아닙니다. 인류가 소리와 몸짓으로 소통할 때부터 시작하여, 역사의 흐름 속에서 다양한 가치와 결합하여 발전해 왔습니다. 미디어 리터러시뿐만 아니라 컴퓨터 리터러시, 디지털 리터러시 등 새로운 개념이 등장했습니다. 앞으로도 리터러시는 조금씩 의미가 변화하며 강조될 것입니다.

글자의 시대는 저물고 있습니다.

이제 사람들은 책이나 신문이 아니라 유튜브를 통해 정보를 습득합니다. 소셜미디어도 글자보다는 사진이나 동영상을 기반으로 하는 플랫폼이 훨씬 인기를 누리고 있으며, 누구나 '1인 미디어'가 되어 타인에게 다양한 정보를 제공할 수 있는 환경 속에서 우리는 살고 있습니다.

사물인터넷IoT, 빅데이터, 인공지능, 모바일 등 기술의 발달은 사회 전반에 급격한 변화를 가져왔습니다. 이제는 변화에 조금만 느리게 대응해도 격차가 크게 벌어집니다. 경제 · 사회 · 문화의 격차는 곧 삶의 격차가 됩니다.

꼭 필요한 정보를 쏙쏙 빼먹기 위해서라도 미디어 리터러시는 필요합니다. 그래야만 발전하는 기술에 대한 접근성뿐만 아니라 삶의 격차를 줄일 수 있습니다.

오늘날엔 너무도 많은 정보가 쏟아집니다. 과거에는 미디어들이 정보의 정확성과 신뢰성을 판단해주었지만, 이제는 개인이 스스로 정보를 선별할 필요성이 커졌습니다. 특히 소셜미디어를 중심으로 검증되지 않은 정보가 쏟아지면서 미디어에 대한 비판적 리터러시가 필수가 되었습니다.

현재 여러 곳에서 미디어 리터러시 교육의 필요성을 강조하고 있습니다. 미디어 리터러시 교육이란 미디어의 전반적인 문제를 파악하고, 숨은 이해관계와 의도를 비판적으로 독해하고, 능동적으로 활용하는 교육을 말합니다.

뉴스를 예로 들어보겠습니다. 우리는 온라인상에서 온갖 뉴스가 공유되는 것을 흔하게 볼 수 있습니다. 하지만 뉴스는 사실을 있는 그대로 전달하지 않습니다. 우리가 보는 뉴스는 언론사의 정치 성향과 언론사 대표의 뜻에 따라 뉴스의 논조가 결정됩니다.

언론사는 뉴스와 기사를 통해서 독자의 생각을 움직이려고 합니다. 그래서 우리가 늘 뉴스와 기사를 비판적으로 바라봐야 하고, 미디어 리터러시 교육이 필요한 이유입니다.

지금은 모든 게 디지털화 되어 있고, 과거에 비해 더 쉽게 정보와 지식을 전달할 수 있습니다. 이러한 환경 속에서 미디어 리터러시 교육이 제대로 이뤄지지 않으면,

결코 건강한 비판의식이 만들어질 수 없습니다.

　우리나라의 미디어 리터러시 교육은 1970년대부터 시작된 것으로 알려져 있습니다. 처음에는 민간 영역에서 발전하여 성장하다가 1990년대에 접어들면서 정부가 신경 쓰는 정책적 영역이 되었습니다. 하지만 급변하는 사회를 반영하기에는 충분하지 않다는 평가를 받고 있습니다.

　미디어 리터러시 교육은 미디어의 발전과 함께 사회 변화를 준비하고, 전 세대를 아우르는 디지털 시대를 맞이하기 위해 꼭 필요한 교육입니다.

핀란드의 미디어 리터러시 교육

한때 우리나라에서 '핀란드 교육' 열풍이 분 적이 있습니다. 교육 현상과 정치권을 비롯한 수많은 영역에서 핀란드 교육을 논했습니다.

핀란드 교육은 '스스로 하는 공부'에 초점을 맞춥니다. 억지로 주입식 공부를 시키는 우리나라 교육과는 반대되는 개념입니다. 학력보다 자율성과 창의력을 중시하는 게 핀란드 교육입니다.

이에 반해 우리나라는 오래전부터 '등수'를 중시했고, 1등을 위한 교육을 진행했습니다. 1명의 엘리트가 1,000명을 먹여 살린다는 확신이 있었습니다. 지금은 조금이나마 나아졌지만, 여전히 대한민국은 '학력민국'으로 경쟁을 통한 인재 찾기는 계속되고 있습니다.

핀란드는 '등수'라는 게 없습니다. 격차를 두지 않는다는 뜻입니다. 핀란드는 경쟁보다 '협동'을 중시합니다. 내 곁에 있는 친구와 경쟁하며 적으로 만드는 게 아니라, 앞으로도 협동하며 살아갈 공동체의 한 구성원임을 강조합니다. 핀란드 선생님들은 학생들에게 강요하지 않습니다. 학생 스스로 물음이 생길 때 옆에서 도와줄 뿐입니다.

핀란드는 전 세계에서 가장 선도적인 미디어 리터러시 교육을 하는 선진국으로 배울 점이 많습니다.

불가리아의 '열린사회연구소Open Society Institute'에서 발표하는 미디어 리터러시 지수 순위에서 핀란드는 지난 2018년과 2019년 2년 연속으로 유럽 35개국 중에서 1위를 차지했습니다.

열린사회연구소의 미디어 리터러시 지수는 언론의 자유와 OECD 국제 학업성취도(읽기·수학·과학), 유럽연합통계국Eurostat이 평가한 타인에 대한 신뢰도, 국제연합 UN이 평가하는 온라인 참여지수E-participation Index 등을 종합해 산정됩니다. 핀란드의 미디어 리터러시 역량은 세계에서 인정받고 있습니다.

보통 언론 환경이 자유롭고 시민들의 교육 수준이 높

으면 매체를 통해 유포되는 가짜뉴스에 잘 대응하고, 잘못된 정보를 쉽게 믿을 가능성도 작아집니다.

핀란드는 오랫동안 미디어 리터러시 교육에 투자해왔습니다. 1950년대부터 대중매체 교육, 의사소통 교육, 시청각 교육 등의 형태로 미디어 교육을 수행했고, 1972년 처음으로 학교 교과과정에 미디어 리터러시를 추가했습니다.

핀란드의 미디어 리터러시 교육의 특징은 미디어의 발전과 변화에 발맞춰 교육에 빠르게 적용한다는 점입니다. 핀란드 학생들은 다양한 미디어 교육을 받으며 급변하는 환경에 적응할 수 있는 능력을 기릅니다.

핀란드는 미디어 정보를 수용하는 데서 그치지 않습니다. 핀란드 학생들은 직접 정보를 생산하기 위해 많은 시간을 투자합니다. 가짜뉴스에 대응하는 미디어 리터러시 역량만 키우는 게 아니라, 나 자신도 가짜뉴스를 만들어 유포시킬 수 있다는 위험성을 확인하는 것입니다.

또한 핀란드의 미디어 리터러시 교육은 '협력'을 기반으로 이뤄집니다. 정부 부처와 협회뿐 아니라 비영리단체와 도서관, 학교 등 여러 기관과 참여자들이 상호 협력하며 시너지를 냅니다.

유튜브가 유행하면서 핀란드는 이제 미디어 리터러시 교육이 아니라, '멀티 리터러시Multi Literacy'를 표방합니다. 멀티 리터러시는 미디어 리터러시와 뉴스 리터러시를 통합한 개념으로, 기존 신문 중심의 교육에서 방송을 포괄하는 교육으로 확대한 것입니다.

핀란드의 하루는 큰 컵에 진한 커피와 우유를 따른 뒤 아침 신문을 읽으면서 시작됩니다. 핀란드는 세계에서 가장 많은 커피를 마시는 국가 중 한 곳입니다. 그리고 신문의 열독률은 2021년 1월 기준, 세계 최고입니다. 15세 이상 인구의 90퍼센트가 신문을 읽습니다.

우리나라도 초등학생부터 성인까지 포괄적이고 체계적이며 훌륭한 미디어 리터러시 교육을 시행하는 핀란드의 사례를 주목할 필요가 있습니다.

민주주의를 지키는 힘, 미디어 리터러시

우리나라는 갈등 공화국입니다.

이전부터 문제가 되었던 세대·지역·계급 갈등에 이어서, 이제는 젠더 갈등까지 심각합니다. 최근에는 이러한 갈등을 부추기며 힘을 얻고자 하는 권력자의 모습을 자주 볼 수 있습니다. 갈등이 혐오가 될 때 민주주의는 크게 위협을 받습니다.

우리나라는 디지털 기술의 발전, 정치적 대립의 격화, 언론에 대한 불신 등으로 인해 가짜뉴스가 더 많이 만들어지는 경향이 있습니다. 지금은 누구라도 쉽고 간편하게 가짜뉴스를 만들어 유포할 수 있습니다.

가짜뉴스는 우리 사회의 신뢰를 떨어뜨립니다. 스마트폰과 소셜미디어가 가장 친한 친구이자, 사랑하는 사람이 되면서 우리 사회는 점점 차가워지고 있습니다. 갈수록 사회의 온기가 식어가는 모습만으로도 민주주의의 위기를 피부로 느낄 수 있습니다.

가짜뉴스는 자극적인 소재와 빠른 전파력을 통해 사람들의 이목을 집중시키고, 이를 통해 다양한 이익을 취합니다. 게다가 인간의 내면에 깔린 공포를 자극해 부정적인 감정을 바깥으로 표출하도록 유도하여, 사회에 분노와 냉소가 만연하도록 이끕니다.

거짓 정보를 이용해 가짜뉴스를 만들어 자신의 목표를 이루고자 하는 사람들은 전 세계 곳곳에 있습니다. 우리는 모두 그들의 표적이 되어 있습니다. 가짜뉴스의 범람은 민주주의가 직면한 가장 큰 적입니다.

민주주의를 무너뜨리는 가짜뉴스를 막기 위한 전 세계의 움직임이 활발합니다. 그만큼 가짜뉴스가 민주주의에 위협적이라는 사실을 모두가 인식하고 있다는 의미입니다.

인류는 지금까지 다양한 문제를 경험했고, 위기 역시 자주 찾아왔습니다. 특히 민주주의를 이뤄내는 과정은 눈물겹도록 처참합니다. 인류의 가장 큰 성취물이라 할 수 있는 민주주의가 위험하다면 우리는 어떻게 해야 할까요? 반드시 민주주의를 지켜내야 합니다.

인간은 타인의 행위에 많은 영향을 받습니다. 다수의 사람이 어떤 사실을 믿으면 같이 동조하기 마련입니다. 그것이 새빨간 거짓말이라 하더라도 무리에 소속되기 위해 믿는 경우도 많습니다.

같은 생각을 하는 사람들끼리만 오랫동안 교류하면, 다른 의견을 받아들이지 못하고 극단적인 견해를 갖게 될 수 있습니다. 하나의 생각과 하나의 견해는 그래서 위험한 것입니다.

모두가 그렇게 하고 있다는 생각은 나 또한 그렇게 해도 된다고 착각하게 만들 수 있습니다. 가짜뉴스가 소셜미디어에서 큰 힘을 발휘하는 이유입니다.

모든 사람은 틀리지 않고, 다를 뿐입니다. 그 차이를 인정하는 게 민주주의입니다. 우리가 희망을 잃지 않는다면 민주주의는 쉽게 무너지지 않습니다.

현재 미디어 기술은 너무나 빠르게 발전하고 있으며, 가짜뉴스는 더욱 교묘해지고 있습니다.

미디어 리터러시는 가짜뉴스의 폐해를 막고 민주주의를 지키는 데 꼭 필요한 능력입니다. 우리 모두 미디어에서 접하는 정보를 그대로 수용하지 않고, 적극적으로 의심하는 자세를 취해야 합니다.

이미 많은 국가에서 미디어 리터러시 능력을 키우기 위해 의무교육을 시행하고 있습니다. 우리나라에서도 '2022 개정 교육과정'을 통해 미디어 리터러시 관련 교육을 강화하는 계획을 수립했습니다.

우리에게 미디어 리터러시가 필요한 이유는 명확합니다. 미디어 리터러시는 민주시민으로 살아가기 위해 가장 중요하고 기초적인 능력입니다. 미디어 리터러시가 튼튼해야만 민주주의를 지킬 수 있습니다.

앞으로 우리가 해야 할 일

제대로 된 미디어 리터러시를 위하여

미디어 리터러시는 미디어 문제의 만병통치약이 아닙니다. 미디어 리터러시 교육은 현실적으로 부작용도 고려하면서 진행되어야 합니다.

현재 교육 현장에서는 미디어 리터러시라는 이름만 빌려 진행되는 경우가 많습니다. 미디어 리터러시 교육은 단순히 기술과 활용만을 의미하지 않습니다. 정보가 오염되어 있을 가능성이 크고, 이 오염된 정보가 우리 일상을 망가뜨릴 수 있음을 강조해야 합니다.

가짜뉴스와 혐오, 차별은 이미 큰 사회문제가 되었습니다. 거대하고 복잡한 사회문제를 미디어 리터러시만으로 해결하는 건 불가능한 일입니다.

민주주의를 파괴할 수 있는 위험천만한 이 현상을 막

기 위해 미디어를 제대로 바라보고, 비판적으로 판단할 필요가 있습니다.

우리는 흔히 미디어 리터러시라고 하면 가짜뉴스를 제일 먼저 떠올립니다. 물론 가짜뉴스를 걸러내는 것도 중요하지만, 여기에만 함몰되지 않도록 주의해야 합니다. 다시 말하지만, 미디어 리터러시는 미디어와 사회 현상에 대한 비판적 사고와 태도를 뜻합니다.

우리나라의 언론 신뢰도는 바닥 수준입니다. 유명한 언론에서도 가짜뉴스를 발견할 수 있습니다. 하지만 이를 지적하기만 하면 언론에 대한 불신만 커질 뿐입니다.

단순히 팩트체크를 통해 가짜뉴스를 판별하는 것만이 미디어 리터러시 역량이 아닙니다. 팩트만 확인하면 '맞다' '틀리다'로 끝날 수 있습니다. 뉴스를 깊이 사고하면서 누리는 것이 더 중요합니다.

제대로 된 미디어 리터러시는 연속성을 가집니다.

미디어의 문제점과 함께 좋은 뉴스의 사례, 언론의 필요성과 순기능을 함께 제시할 수 있어야 합니다. 또한 영화나 드라마 등에서 혐오와 갈등을 조장하는 표현과 그

원인을 살펴보고, 그것을 대체할 수 있는 단어를 찾아보는 시간도 필요합니다.

이러한 연속성을 가져야만 미디어 리터러시가 빛날 수 있습니다. 만약 미디어에 대한 올바른 비판이 아니라 일방적인 비난으로만 이어진다면, 미디어 리터러시가 무슨 소용이 있을까요? 올바른 비판이 있어야만 반성과 성찰을 통해 긍정적인 변화가 생겨날 수 있습니다.

팩트체크 이외에 할 수 있는 일

가짜뉴스나 허위정보로부터 우리를 지키는 방법은 팩트체크만 있는 게 아닙니다. 우리의 삶을 지키고, 민주주의를 수호할 수 있는 다양한 방법을 소개하겠습니다.

건강하게 의심하기

우리 사회에 유통되는 많은 정보는 객관적인 사실만 전달하지 않습니다. 대부분 특정 목적이 있거나 대중을 움직이려는 의도가 있습니다.

여러분도 어떤 기사에서는 커피가 몸에 좋다고 말하고, 다른 기사에서는 커피가 몸에 나쁘다고 말하는 것을 본 적이 있을 겁니다. 의학 정보는 의사의 소견이나 실험 결과에 따라 크게 달라집니다.

이는 정보도 마찬가지입니다. 모든 정보는 오류를 범할 가능성이 있습니다. 그래서 정보나 뉴스를 받아들일 때 항상 비판적 사고를 통해서 종합적으로 판단하는 모습이 필요합니다.

다양한 의견 듣기

민주주의 사회는 다수결의 원칙으로 이뤄집니다. 다수의 의견이 항상 정답은 아닙니다. 소수의 의견이라고 해서 반드시 잘못된 것도 아닙니다.

진보와 보수라는 정치적 견해가 다를 수밖에 없는 정보도, 전문가가 결론을 도출했다고 말하는 정보도 마찬가지입니다. 하나의 정보를 그대로 받아들이는 사람이 많아질수록 가짜뉴스는 기승을 부립니다.

특정 정보에 관한 생각은 사람마다 다릅니다. 누군가는 '맞다'라고 말하고, 누군가는 '틀리다'라고 말할 수 있습니다. 정보를 받아들일 땐 반드시 다양한 의견을 들어봐야 합니다.

여러 의견을 종합해 결론을 내려야만 가짜뉴스가 범람하는 걸 막을 수 있습니다.

이분법적 사고 버리기

우리 편이 아니면 모두 적이고, 내가 옳다고 믿는 것이외에는 전부 틀렸다고 생각하는 이분법적 사고가 사회 전반에 퍼지고 있습니다.

이 세상은 '틀림'이 아니라 '다름'으로 이뤄져 있습니다. 정보 역시 마찬가지입니다. 정보는 옳고 그름으로 판단하는 게 아닙니다. 누가 더 진실을 말하고, 누가 더 객관적인 증거를 토대로 설득력 있게 전달하느냐가 중요합니다.

TV 속 뉴스를 믿을 수 없다고 해서 유튜브 속 정보는 모두 믿을 수 있을까요? 가짜뉴스는 TV보다 유튜브나 소셜미디어를 통해서 더 많이, 더 빨리 유통됩니다.

가짜뉴스가 우리 사회를 분열시키는 걸 막기 위해서는 이분법적 사고를 없애고, '틀림'이 아닌 '다름'의 사고를 해야 합니다. 가짜뉴스는 이분법적 사고와 '틀림'의 세상 속에서 활개를 치기 때문입니다.

어떤 뉴스가 잘못되었다고 해서 다른 뉴스가 진실을 말하는 것은 아닙니다.

참여하기

여러분은 집회나 시위에 대해 어떻게 생각하나요?

기업이나 정부를 괴롭히고, 자신들의 이익을 위해 그저 떼를 쓰는 모임으로 아시나요? 전혀 그렇지 않습니다. 집회나 시위는 민주주의 사회에서 폭넓게 보장된 권리 중 하나로, 큰 범주에서 보면 직접 민주주의의 한 예라고 할 수 있습니다.

그러나 많은 언론과 조직에서 집회나 시위를 부정적으로 묘사하는 경우가 많습니다. 사회를 시끄럽게 만들어서 외국에서 한국을 바라보는 이미지를 나쁘게 만들어 국격을 떨어뜨린다고 주장하기도 합니다. 과연 그럴까요?

우리나라의 집회와 시위는 다른 나라와 비교해서 대부분 평화롭고 질서정연하게 진행됩니다. 특히 촛불집회의 경우 민주주의 훼손을 우려한 수백만 명의 시민이 자발적으로 모였지만, 어떠한 사고나 충돌 없이 무사히 진행됐습니다. 촛불집회는 독재로 어려움을 겪는 다른 나라 국민에게 희망의 준 역사적인 사건입니다.

집회나 시위는 민주주의와 가장 비슷한 행위로 얼마든지 평화롭게 내가 하고 싶은 말을 할 수 있는 공간입니다. 때로는 과격한 발언이 나오기도 하지만 일부가 과격한 발언을 했다고 해서 집회나 시위 전체의 성격을 나쁘게 말해서는 안 됩니다.

집회나 시위에 참여하지 않더라도 다른 이의 어려움에 귀 기울이고 함께 문제를 풀어가고자 하며, 때론 한 공간에 모여서 목소리를 내는 건 민주주의의 가장 아름답고 자연스러운 모습입니다.

시민들이 공감하고, 연대하고, 활발하게 의견을 말하는 사회가, 가짜뉴스를 통해 이익을 얻고자 하는 사람들이 가장 싫어하는 사회입니다.

인문학과 친해지기

저는 시사 블로그를 20년 가까이 운영하고 있습니다. 부족한 공간이지만, 간혹 이런 질문을 하시는 분이 있습니다.

"블로거님처럼 시사를 잘 아는 방법은 무엇인가요? 추천할 만한 책이 있으면 좀 알려주세요."

이런 물음에 부끄러움을 느끼며 저는 언제나 비슷하게 답변합니다.

"시사나 상식을 한 번에 잘 아는 방법은 없습니다. 그저 계속 관심을 가지고, 궁금한 건 그때마다 책이나 뉴스를 찾아보면서 해결했습니다."

저는 궁금증을 해결하기 위해 인문학 책을 찾아본 적이 많고, 지금도 많은 도움을 받고 있습니다. 인문학은 가짜뉴스와 직접적으로 연관성이 없어 보이는데, 어떻게 가짜뉴스에 대비할 수 있는지 궁금할 것입니다.

인문학 책을 읽는 이유는 생각하는 힘을 길러주고, '틀림'이 아닌 '다름'의 관점을 익힐 수 있기 때문입니다. 독서를 많이 할수록 가짜뉴스를 그대로 받아들이는 일이 줄어듭니다.

일하고, 공부하기도 바쁜데 책을 읽는 시간까지 만드는 건 상당히 어려운 일입니다. 그러나 가짜뉴스나 허위 정보가 끼치는 해악을 막기 위해 잠시나마 독서를 하는 시간을 갖는 건 절대로 후회하지 않을 좋은 습관입니다.

인문학 책과 친해진다면, 가짜뉴스뿐만 아니라 우리를 힘들게 하는 다양한 어려움을 극복하는 힘을 얻을 수 있으리라 확신합니다.

지금까지 가짜뉴스에 대처하기 위해 우리가 할 수 있는 것들에 대해서 알아봤습니다. 마지막으로 글로벌 시민 단체인 아바즈Avaaz에서 정리한 가짜뉴스 대처법을 알려드리며 끝내겠습니다.

가짜뉴스에 대해 알아야 할 5가지 사실

1. 가짜뉴스는 사람들의 공포에 뿌리를 내리고 빠르게 퍼져나간다.

2. 가짜뉴스는 소셜미디어에 적합하고 수십억 명에게 전달된다.

3. 가짜뉴스는 우리를 공격하는 무기가 돼 가고 있다.

4. 가짜뉴스는 사람들을 죽이고 민주주의를 병들게 한다.

5. 가짜뉴스에서 벗어날 수 있는 사람은 아무도 없다.

가짜뉴스로부터 자신을 보호하는 5가지 방법

1. 의심 가는 정보를 보면 말하라.

2. 믿을 수 있는 진짜 언론을 참고하라.

3. 소셜미디어 정화 캠페인에 참여하라.

4. 민주주의를 포기하지 말라.

5. 인간에 대한 희망을 품어라.

여러분도 민주주의를 포기하지 않고, 인간에 대한 희망을 잃지 마시길 바랍니다.

나가는 말,
우리의 삶과 민주주의를 지키기 위해

긴 시간 동안 여러분과 함께했습니다.

가짜뉴스에 대해 알고 있었지만 이렇게나 위험한 줄은 몰랐을 것입니다. 그저 편리하기만 하던 소셜미디어가 한 사람의 삶을 앗아갈 수 있는 악마가 될 수 있으며, 가짜뉴스와 소셜미디어로 인해 민주주의가 파괴될 수도 있음을 느낄 수 있었다면 좋겠습니다.

가짜뉴스나 소셜미디어는 전쟁이나 핵폭탄처럼 우리가 사는 세상을 폭삭 무너뜨리지는 못합니다. 이 세상은 지금까지 다양한 갈등을 봉합하고, 여러 가지 문제를 해결하면서 계속 발전해 왔기 때문입니다. 게다가 모든 사람이 가짜뉴스나 소셜미디어에 반응하는 것도 아닙니다.

그럼에도 불구하고 가짜뉴스에 대한 경고가 계속되는

건 가짜뉴스가 절대로 사라지지 않을 것이기 때문입니다. 지금 이 순간에도 가짜뉴스는 더 많이 만들어지고 있고, 소셜미디어를 통해서 전 세계로 퍼지고 있습니다.

가짜뉴스가 우리의 삶과 민주주의를 위협하는 상황 속에서 정부에만 그 역할을 기대해서는 안 됩니다. 정부가 만드는 법안은 한계가 있으며, 소셜미디어 플랫폼을 완벽하게 통제할 수도 없습니다.

국회나 정부도 노력해야 하지만, 우리도 민주시민으로 자신을 지키기 위한 노력을 해야 합니다. 그 노력은 결코 어려운 일이 아닙니다. 한 번 더 의심하고, 좀 더 알아보며 틀림이 아닌 다름의 관점을 통해 나만의 사고와 철학을 만들면 됩니다.

인문학을 통한 뿌리 깊고 단단한 사고 체계는 아무리 가짜뉴스가 교묘하게 마법을 부려도 우리가 쉽게 홀리지 않도록 도와줄 것입니다.

여러분이 가짜뉴스로 피해를 보지 않고, 소셜미디어의 위험성도 이해하면 좋겠습니다. 또한 건강한 민주주주의 사회의 구성이 되기를 바랍니다. 가짜뉴스와 싸워 물리치고, 소셜미디어 속 거짓 정보에 현혹되지 않으며 이를 통해 민주주의 사회가 더 건강하게 발전하는 모습을 기대하며 글을 마무리합니다.

착한 소셜미디어는 없다

초판 1쇄 발행일 2023년 1월 23일

지은이 조현수

펴낸이 김상기

펴낸곳 리마인드

출판등록 제2021-000076.호(2021년 9월 27일)

주소 서울특별시 은평구 응암로14길 1-15, 801호

전화 070-8064-4518 **팩스** 0504-475-6075

이메일 remindbooks@naver.com

편집 김상기 **디자인** 나침반

인쇄 · 제본 명지북프린팅

ISBN 979-11-979637-1-1(03000)